児童の主張における他者配慮

江口 めぐみ 著

風 間 書 房

目　　次

第1部　理論的背景
第1章　序論……………………………………………………… 3
　第1節　はじめに………………………………………………… 3
　第2節　主張性の概念的定義と従来の測定尺度………………… 4
　第3節　他者配慮の概念的定義と測定尺度…………………… 6
　第4節　他者配慮の視点の意義………………………………… 11

第2章　本研究の目的と構成…………………………………… 21
　第1節　本研究の目的…………………………………………… 21
　第2節　本研究の構成…………………………………………… 22

第2部　実証的検討
第3章　他者配慮尺度の作成【研究1-1】……………………… 25
　第1節　全体の目的……………………………………………… 25
　第2節　目的（予備調査）……………………………………… 25
　第3節　方法（予備調査）……………………………………… 25
　第4節　結果（予備調査）……………………………………… 27
　第5節　目的（本調査）………………………………………… 27
　第6節　方法（本調査）………………………………………… 27
　第7節　結果（本調査）………………………………………… 29
　第8節　全体の考察……………………………………………… 36

ii　目　次

第4章　他者配慮尺度の信頼性・妥当性の検討【研究1-2】……………37
　第1節　目的…………………………………………………………………37
　第2節　方法…………………………………………………………………38
　第3節　結果…………………………………………………………………40
　第4節　考察…………………………………………………………………42

第5章　主張性と心理的特徴との関連【研究2】…………………………43
　第1節　目的…………………………………………………………………43
　第2節　方法…………………………………………………………………44
　第3節　結果…………………………………………………………………46
　第4節　考察…………………………………………………………………47

第6章　主張性と内的適応・外的適応との関連
　　　　―自己評定・他者評定による検討―【研究3】…………………53
　第1節　目的…………………………………………………………………53
　第2節　方法…………………………………………………………………55
　第3節　結果…………………………………………………………………58
　第4節　考察…………………………………………………………………62

第7章　主張性と内的・外的適応との因果関係
　　　　―短期縦断的検討―【研究4】……………………………………65
　第1節　目的…………………………………………………………………65
　第2節　方法…………………………………………………………………66
　第3節　結果…………………………………………………………………68
　第4節　考察…………………………………………………………………72

第8章　主張性が心理的ストレス過程へ及ぼす影響【研究5】………77
　第1節　目的…………………………………………………………77
　第2節　方法…………………………………………………………77
　第3節　結果…………………………………………………………80
　第4節　考察…………………………………………………………85

第9章　主張性と主張行動内容との関連【研究6】……………………89
　第1節　目的…………………………………………………………89
　第2節　方法…………………………………………………………89
　第3節　結果…………………………………………………………91
　第4節　考察…………………………………………………………95

第10章　主張性と社会的情報処理との関連【研究7】…………………99
　第1節　目的…………………………………………………………99
　第2節　方法…………………………………………………………99
　第3節　結果………………………………………………………102
　第4節　考察………………………………………………………111

第3部　総括
第11章　総合的考察………………………………………………………119
　第1節　本論文の目的と結果のまとめ…………………………119
　第2節　研究全体での知見の整理………………………………122
　第3節　本研究の意義……………………………………………128
　第4節　本研究における限界点と今後の課題…………………129

引用文献……………………………………………………………………131
謝辞…………………………………………………………………………141

iv　目　次

資料………………………………………………………………………143

第 1 部　理論的背景

第1章 序　論

第1節　はじめに

　昨今，児童の自己表現能力の低下が指摘されており，不登校，いじめ，学級崩壊等の諸問題の一因として憂慮されている。このため学校教育では，思いやりの心を持つことや，自分と異なる意見や立場を大切にすること，伝え合う力を育成することを重視した指導が行われている（内閣府，2013）。その中で，「自分も相手も大切にした自己表現（平木，1993）」が注目されている。

　上記のような自己表現を可能にする能力，態度は「主張性（assertion：アサーション）」と呼ばれる。自己表現には，自分勝手で相手を犠牲にした「攻撃的（aggressive）な自己表現」や，言いたいことが言えずに自分を犠牲にした「非主張的（submissive, nonassertive）な自己表現」があるが，これらは対人関係上のトラブルや不満足感につながりやすい不適応的な表現方法とされている。こうした表現とは異なり，主張性を発揮した「主張的（assertive）な自己表現」は，トラブルの予防や解決に役立つだけでなく，コミュニケーションを円滑にし，対人適応を高める（渡部・稲川，2002）とされている。また，主張性の「相互尊重」の理念は教育的にも望ましく，児童生徒への主張性教育（アサーション・トレーニング）が学校現場において広く実施されている（e.g., Kaufman, Raphael, & Espeland, 1999；園田・中釜，2000）。

　ところで，実践レベルではその意義や適応的効果が期待されている主張性であるが，測定レベルでの報告は，必ずしも適応に寄与するものばかりではない。例えば主張的な行動を行う者は，有能さは高く評価されるが，好ましさや気配りの点においては，低く評価されていた（Cook & St. Lawrence, 1990）。また主張性得点が低い児童は，「対教師関係がよい」と感じており，

4　第1部　理論的背景

また他者から主張性が中程度と評価された児童で，より学級適応がよい（荒井，2001）などである。

　この問題の背景として，主張性の概念的定義と測定尺度の間での離齬が指摘されている（柴橋，2001a）。これまでの主張性研究では，「自分の言いたいことを主張できるか否か」という行動に焦点をあてたことで，主張性の「相手も大切に」という他者側面の検討が抜け落ちた結果，自他尊重に基づく主張的な自己表現と，自分本位な自己表現とが測定上区別できないという限界が生じていた。

　これに対し，主張の際に「他者への配慮」の視点が重要として，いくつか関連研究が行われ（e.g., Kern, 1982；渡部・相川，2004；Woolfolk & Dever, 1979），「他者への配慮」の側面を測定する項目や尺度も作成されてきている（伊藤，1998；柴橋，2001a；塩見・伊達・中田・橋本，2003）。しかしながら，他者への配慮を中心的問題として扱った検討は，まだその数が少ないのが現状である。さらに，研究の対象は中高生以上であり，児童を対象とした他者配慮研究は，皆無に等しい。

　こうした点を踏まえて本研究では，主張における「他者への配慮」の概念に注目し，児童の主張性を「自己」と「他者」の2側面からの再度捉えなおし，児童の主張性に関する知見を深め，児童の主張性教育の場に有効な知見を提供することを目指すものとする。

第2節　主張性の概念的定義と従来の測定尺度

　第1節で，主張性の概念的定義と測定尺度との離齬について言及した。本節ではまず主張性の概念的定義について確認し，次に自己表明に焦点を当てた既存の主張性尺度について紹介する。

1．主張性の概念的定義
　主張性という語は，英語の「assertiveness（アサーティブネス）」の訳語で

第1章　序　論　　5

ある。日本では自己主張，主張的行動（assertive behavior），アサーション（assertion），アサーティブ（assertive）といった語が同義に用いられており，本研究では「主張性」の表記を用いることとする。

　主張性の定義は，研究者によって様々になされている。主な定義をTable 1 に示す。これらをみると自分の思考・感情・信念・権利などを表現する「自己表明」と，他者を侵害せず，権利を尊重する「他者配慮」の2側面が構成要素の中核にある点では，研究者間で一致が見られている。

　しかし定義上で明示されているものの，これまでの主張性研究では，自己表明の部分のみに焦点が当てられており，他者配慮の側面を含めた主張性の検討はほとんど行われておらず，2側面から主張性を検討する必要性が言われている（柴橋，2001a）。しかし，他者配慮とはどのようなものか，研究者間で十分に検討されてきたとはいえず，議論の余地が残るとされている（用松・坂中，2004）。

2．自己表明を測定する尺度

　主張性の概念的定義に基づき，これまで国内外で複数の自己報告式尺度が作成されてきた。その多くは成人用であるが，児童用では Deluty（1979）の

Table 1　主張性の主な概念的定義

提唱者	概念的定義
Lange & Jakubowski（1976）	自分の権利を擁護し，思考，感情，信念を直接的に，正直に，他人の権利を尊重するような適切な方法で表現すること
Deluty（1979）	他人の権利を侵害することなく，個人の思考と感情を，敵対的でない仕方で表現できる能力
Alberti & Emmons（1990）	他者の権利を侵害することなく，自らの固有の権利を行使できるようになること
平木（1993）	自分の気持ち，考え，信念などを正直に，率直にその場にふさわしい方法で表現し，そして相手が同じように発言することを奨励しようとする態度

6　第1部　理論的背景

Children's Action Tendency Scale（CATS），Michelson & Wood（1982）の
Children's Assertive Behavior Scale（CABS），濱口（1994a）の児童用主張性
尺度，渡部・稲川（2002）の児童用自己表現尺度，古市（1995）の児童用主
張性調査票などがある。

　例えば Deluty（1979）の尺度は，13のネガティブな葛藤場面での行動につ
いて，攻撃的・主張的・消極的の選択肢があり，それぞれが対で提示され，
そのどちらかを選ぶ形式である。

　濱口（1994a）の児童用主張性尺度は，それまでの主張性研究を分類し，主
張場面を，「権利の防衛」，「要求の拒絶」，「異なった意見の表明」，「個人的
限界の表明」，「他者に対する援助の要請」，「他者に対する肯定的な感情と思
考の表明」，「社交的行動」，「指導的行動」の8つに分類し，他の概念との重
複が見られる「社交的行動」，「指導的行動」を除く6領域について，主張行
動の程度を問うものである。

　これらの尺度に代表されるように，既存の主張性尺度は上記の定義の自己
表明の1次元のみに焦点を当て，その頻度や行動傾向を測定するものであっ
た。

第3節　他者配慮の概念的定義と測定尺度

　本節では，主張性の定義を踏まえた上で，主張における他者への配慮につ
いて概念的定義を行い，類似概念との差異を検討する。また既存の他者への
配慮に関する少数の尺度についても言及する。

1．他者配慮の捉え方

　主張における他者配慮の捉え方について，研究者間での一致は見られてお
らず，検討も十分になされてきたとはいえない（用松・坂中，2004）が，大別
すると以下の捉え方があると思われる。

　1つ目は，「相手の自己表明に対する配慮」という捉え方である。これは

平木（1993）や柴橋（2001a）に代表されるもので，「相手に対し，自分と同じ様に発言することを奨励する」という相手の権利を配慮したあり方で，主張性の相互尊重の精神に基づいたものといえる。

2つ目は「自分が自己表明をする際の配慮」という捉え方である。例えば，「相手を脅かしたり，罰したりしない」（Harris & Brown, 1979），「権利を尊重した適切なやり方」（Lange & Jakubowski, 1976）といったもので，国外の研究では「empathic-assertive（Kern, 1982）」や「assertion plus extra consideration（Woolfolk & Dever, 1979）」のように表現される。主張場面において，主体的に自己表明を調整する過程であると考えられる。

2．本研究における他者配慮の定義

主張性教育の場では主に「自分が主張を行う際」の主張行動をターゲットにした教育が行われていることも踏まえ，本研究では後者のアプローチをとる。よって他者への配慮を「相手の立場を考え，それを損なわない自己表明の方法を検討し選択する，自発的で意識的な過程」と位置づける。さらに「自分も相手も大切にした自己表現」という主張性の相互尊重の立場に基づき，不安や攻撃的な動機に基づく自己表現と区別する。

以上より本研究では，主張における他者への配慮（以下，他者配慮とする）を「他者との相互作用の中で，自己の考えや感情を表明するような場面で，自己表明によって相手の感情・考え・正当な権利を損なわないよう図る愛他的動機に基づく心的努力」と操作的に定義し，議論を進めることとする。

3．類似概念との差異の検討

ここでは，他者配慮の定義と類似する3つの概念と測定尺度の例を挙げ，他者配慮との差異を検討する。

8 第1部 理論的背景

（1）共感性 （empathy）

　共感性は，「他者の気持ちを汲み取り，他者と同様の情動を体験する性質・能力」と定義され，認知面と情動面への共感が仮定されている。Davis (1983) は共感性を「共感的関心」，「個人的苦痛」，「視点取得」，「ファンタジー」から捉える多次元的視点を提唱している （登張，2003）。この4次元の中で，最も他者配慮に近い概念が「視点取得 （perspective taking）」である。これは「他者の視点に立ってその気持ちや感情，行動を理解すること」で，共感性の認知的要素とされる。Davis (1983) の共感性尺度の「視点取得」の項目は，「他者の立場に立って，物事を考えることは困難である （逆転項目）」，「友達をよく理解するために，彼らの立場に立って考えてみようとする」からなる （桜井，1988）。視点取得の「他者の気持ちを想像したり認知したりする」という点は，他者配慮と同様である。

　しかし他者配慮は，他者の立場に立つことに留まらず，「他者の権利や立場，意見を尊重する」ことを目的としている。よって視点取得に基づいた上で，他者を尊重するための適切な方法を産出，選択し，主張行動に結び付ける，という過程が含まれる。また他者配慮には，その定義に「表明する際」という語が含まれる。つまり主張行動に直接的影響を与えるもので，共感性に比べて，より行動的側面を含むものである。よって一致する点はあるものの，共感性のみでは十分に説明されない。

（2）愛他性 （altruism）

　愛他性の定義は研究者間によって異なるが，先行研究の概観から「報酬を期待しない」，「自発的に行われる」，「他者のためになる」という共通概念が提唱されている （川島，1991）。これらをまとめて中里・松井 (1997) は，「その程度はともかく，自己犠牲をはらっても他者のためになることをしようとする態度」と定義している。

　児童用の愛他性測度として首藤 (1987) があり，「道に迷った人に，正し

い道を教えたことがありますか」,「勉強のわからない人に, 教えたことがありますか」といった項目からなる (堀野・濱口・宮下, 2000)。

　他者配慮は,「相手を尊重する」という意味で愛他的であるが, 相互尊重に基づいており, 愛他性の「自己犠牲を払ってまで」という部分とは一致しない。

（3） 思いやり (sympathy)

　内田・北山 (2001) は従来の研究を概観し,「思いやり」を日本的な他者志向性の基盤と位置づけている。さらに思いやりを「他者の気持ちを察し, その人の立場に立って考えること」,「その気持ちや状態に共感もしくは同情すること」,「向社会的行動の動機づけとなること」の３側面を仮定し,「思いやり尺度」を作成している。項目内容には,「苦労話を聞くと心を打たれる」,「情にほだされたくない (逆転項目)」などが含まれる。中里・松井 (1997) では,「緊急援助」,「分与」,「援助」,「寄付・奉仕」の場面を思いやり意識の関連場面として設定している。

　他者配慮は, 主張場面で発揮されることを前提としており,「思いやり」とは, 行動場面も異なる。また「思いやり」は「共感的関心」と同義に使われる概念でもあり (満野・三浦, 2010), やはり他者配慮とは異なる概念と言える。

　以上のように, ３つの概念は他者配慮と共通性はあるものの, 他者配慮を十分に満たす概念ではない。よって, 他者配慮の概念を新たに検討することは, 意味があることと言えよう。

４．他者配慮の測定尺度

　上記の問題点を踏まえ, 近年では主張性を多次元的に捉える動きがあり, 他者配慮に関する項目を含む尺度もいくつか作成されている。この種の尺度には, 塩見ら (2003), 伊藤 (1998), 柴橋 (2001a), 渡部・松井 (2006) が挙

10   第1部　理論的背景

げられる。

　塩見ら（2003）の尺度は，中学生を対象にした主張性尺度であり，「友達の話をよく聞く」，「友達の感情を傷つけないよう，いつも気をつけている」といった項目からなる「他者受容」因子8項目を含む。

　伊藤（1998）の「アサーション・マインド・スケール（AMS）」は，成人を対象とした尺度である。主張性の心理的背景を測定するもので，「言いたいことを言うときは，相手の話もよく聞くよう心がけている」，「言いたいことを言うときは，その影響も考える」といった項目からなる「他者尊重」因子5項目を含む。

　柴橋（2001a）では中高生を対象に，「他者の表明を望む気持ち」の尺度を作成している。「友だちがつらいときや苦しいときは私にそう言ってほしいと思う」，「私に迷惑がかかりそうなことでも困っているときは頼んでみてほしいと思う」などの22項目からなり，「相手の自己表明に対する配慮」を測定している。さらに自己表明尺度と合わせて，2側面から個人の主張性を測定している。この尺度は本研究で想定する「主張を行う側としての配慮」については測定していない。

　渡部・松井（2006）は従来の主張性尺度の測定上の問題点を指摘し，大学生を対象とした「主張性の4要件」尺度を作成している。この尺度では主張性を「素直な表現」，「情動制御」，「他者配慮」，「主体性」の4要件から捉えている。そのうち「他者配慮」因子は「返して欲しいと言った場合，その場の状況がどうなるかを考える」，「返して欲しいと言った場合，友達との関係がどうなるかを考える」などの5項目からなる。この尺度における他者配慮は「他者や状況への配慮に基づいた柔軟な対応」を測定するものであり，本研究での他者配慮の概念と一致するものである。ただし尺度の1因子にとどまるため，その項目数は多くない。

　以上のように，近年になり他者配慮の概念を扱った尺度が作成され始めているが，その尺度や項目数は十分ではない。また対象は中学生以上であり，

第1章 序 論 11

公開されている児童の他者配慮尺度は見当たらないため，児童を対象とした他者配慮の実証的検討は皆無に等しい現状である。

第4節 他者配慮の視点の意義

これまでに，他者配慮の定義を明確にし，他者配慮を捉える尺度が十分になく，また児童対象のものも見当たらないことを指摘した。本節では，これまでの自己表明から捉えた主張性研究の成果と問題点を踏まえ，他者配慮の視点を導入することの意義について述べていく。

1. 行動上の区別と個人特性について

主張性研究においては，行動が「主張的か否か」が検討されている。その際に関連要因として最も取り上げられるのが，対人不安（傾向）と攻撃性である。対人不安（social anxiety）は「対人的場面に遭遇したり，あるいはそれを予測することによって起こる個人の不安反応」であり，その不安を感じやすい傾向が「対人不安傾向（social anxiousness）」と定義される（松尾・新井，1998）。攻撃（aggression）は「他の個体に対して危害を加えようと意図された行動」であり，それを起こす内的過程（認知，情動，動機づけ，パーソナリティなど）が「攻撃性（aggressiveness）」と呼ばれる（大渕・堀毛，1996）。

これらは，主張性の対極にあり（Alberti & Emmons, 1990），攻撃的主張や消極的主張といった，適応的でない主張行動を引き起こす要因として考えられている（平木，1993；Michelson, Sugai, Wood, & Kazdin, 1983）。攻撃性については，主張性の定義上でもこれを排除する文言は多く見られ（Table 1），対人不安傾向についても，「アサーティブな行動は，対人不安を低め，より効果的に個人の正当な要求を満たすことができる（Alberti & Emmons, 1990）」と明記され，両者は主張性の概念から明確に排除されている。

実践レベルでも，主張性トレーニングにより対人不安や攻撃性の低減・除去を目指す取り組みが多数行われ，一定の効果を得ている（e.g., Forman,

1980；村上・福光，2005；矢嶋・土肥・坂野，1994)。このように対人不安傾向と攻撃性の高さは，主張性の高さと相反する行動を特徴づける特性として位置づけられている。

　しかし，概念的には明確な区別がされているものの，主張行動の上ではこれらを区別することの困難が述べられている（古市・乗金・原田，1991；玉瀬・越智・才能・石川，2001)。例えば自己表明が多い行動には，攻撃性に基づく一方的な主張と適応的な主張行動が存在し，また自己表明の低い行動にも，対人不安や言語化されない敵意（Selman, Beardslee, Schultz, Krupa, & Podorefsky, 1986）による受動的攻撃性など抑制的な行動がある一方で，相手や場を尊重し，引くべきときには引く「熟考的な主張性」が存在し，両者が混同されるという問題が指摘されている（柴橋，1998)。また久木山（2005）でも，非主張行動のうち，積極的に主張しないことを選択する「積極的非主張」と，スキル不足から非主張となる「消極的非主張」を区別する必要性を示している。しかし自己表明の側面のみを測る尺度では，こうした心理的背景まで捉え，主張行動を区別するには限界がある。この問題に対し，行動のみを指標とするのではなく，他者配慮の側面を含めた検討が提唱されている。

2．心理社会的適応に関して

　主張性は，コミュニケーションを円滑にし，対人関係上のトラブルの予防や対人適応を高める（渡部・稲川，2002）とされており，実践的研究では心理社会的適応について検討したものが多く存在する。よって（1）－（3）に分けて紹介を行うこととする。

（1）内的適応・外的適応との相関関係

　適応は内的側面と外的側面に分類可能とされている（北村，1967)。前者は，幸福感や満足感，心理的安定といった個人の主観的な内的状態の安定を意味する。後者は個人が属する社会や文化，対人関係といった外部環境に対する

適応を意味する。適応に関する研究では「適応状態が良い」という場合，内外の適応状態がともに高いことを意味することが一般的である。例えば学級集団内での人間関係が良好であっても，心理的な安定が得られていないといった場合，適応状況がいいとは言えないだろう。

　主張性の高さは「心理的適応感をもたらす」と同時に「社会的に容認される」とされており（e.g., Lowe & Storm, 1986；Michelson et al., 1983），これまでの実証的研究において，主張性と適応との肯定的な関連があることが見出されている。

　内的適応について，適切な主張は自尊心，有能感，目標達成といった個人内の適応水準を維持することが指摘されている（Alberti & Emmons, 1990；Kelly, Kern, Kirkley, Patterson, & Keane, 1980）。特に自尊感情は，一貫して主張性と正の関連が見られている。

　また外的適応についても，周囲との肯定的な対人関係を獲得し（古市・小畑，1995a；Sanz de Acedo Lizarraga, Ugarte, Cardelle-Elawar, Iriarte, Sanz de Acedo Baquedano, 2003），他者の受容やサポートを受け，排除を避ける（Ford, 1992; Lorr & More, 1980；Richmond & McCroskey, 1992）といった報告がされている。また他者による人気や印象といった，周囲からの評価も高く（Deluty, 1981；藤村・苅間澤・河村，1999；古市・小畑，1995b；渡部・稲川，2002），例えば濱口（1994a）では小学4－6年の児童において，自己評定による主張性得点と仲間指名測度との間に正の相関を見出している。

　しかし，こうした他者評定については，否定的結果も見出されている。例えば Cook & St. Lawrence（1990）の大学生を対象にした調査では，主張行動と行為者の魅力を尋ねたところ，主張的な者は有能さにおいては高く評価されたが，好ましさや気配りの点においては，消極的主張をする者の方が高く評価された（同様の結果：Kelly, et al., 1980）。

　児童における研究でも，主張的な者は消極的主張をする者と比べて仲間からの評価に差が見られない場合や，むしろ悪いといった結果もいくつか存在

14　第1部　理論的背景

する（Deluty, 1981；渡部・稲川，2002）。荒井（2001）の小学4－6年生を対象
にした調査では，他者評定による主張性得点が，中程度の児童が最も学級適
応がよく，また得点が低い児童で，対教師関係がよいとい報告している。ま
た否定的指名に関しては，消極的主張，攻撃的主張と差がないといった報告
もなされている（Pentz & Kazdin, 1982）。

　こうした問題についても，他者配慮の視点の有効性を示唆する研究報告が
挙げられている（e.g., Hull & Schroeder, 1979）。外的適応に関する Woolfolk &
Dever（1979）の研究では，大学生を対象にした他者評定調査で，他者配慮
のある主張行動は，自己表明のみと比べ適切さは同程度だが，より敵対的で
なく親切で，相手に満足感を与える行動と評価されている。同様の調査で
Kern（1982）は，他者配慮を加えた主張行動が，攻撃行動と見なされること
のある自己表明の「負の効果を弱める」としている。その一方で内的適応に
関しては，渡部（2009a）の高校生を対象とした調査で，他者配慮が高すぎる
とかえって孤独感が高いことが報告されている。

　これらの研究は対象・測定方法の違いがあるため，結果の違いを「適応の
種類」によるものだと結論づけることはできないが，他者配慮を加えること
で，主張性と適応との関係に新しい知見を得ることができるであろう。

（2）内的適応・外的適応との因果関係

　実証的検討では，主張性と適応との1時点での正の関連性は確認されてい
るものの，両者の因果関係については検討の余地が残されている。

　因果関係を検討した実証的研究として，小学4－6年生を対象とした調査
（濱口・江口，2009）では，攻撃行動と向社会的行動の影響を統制したうえで，
仲間関係適応との関連を検討している。その結果，自己表明は承認への正の
影響および被侵害への負の影響を与えており，他の行動の影響を統制しても
なお，仲間関係の適応に寄与することが示されている。また小学3－6年生
を対象とした調査（藤村ら，1999）では，自己表明に対して承認感は正の予

測因子，被侵害感は負の予測因子になること，承認感が高く被侵害感の低い児童は，自己表明得点が高いことを報告している。

　多くの研究は上記のような横断的な調査であるが，石川・山下・佐藤（2007）では縦断的調査を実施し，小・中学生を対象にソーシャルスキルと外的適応との関連について検討している。その結果，自己表明スキルから9ヶ月後の学校不適応感へは直接・間接的影響はみられず，主張性と外的適応との関連は確認されなかった。

　これに対し実践研究では，トレーニングで実際に主張性を高めることによって，適応状態に変化が見られるかという因果関係を検討している。

　高校生を対象とした研究（渡部，2009b）では，他者配慮に焦点を当てたトレーニング（週2回50分×2回）を実施し，トレーニング後に精神的不健康の得点が有意に低くなったことを報告している。

　小学6年生を対象とした研究（虎杖，2013）では，主張性トレーニング（1回2時限×5回）を実施した学級とそうでない学級とを比較した結果，トレーニングを実施した学級のみ，有意な自尊感情得点の増加が確認されている。

　小学4年生を対象とした研究（松澤・内田・高橋，2009）では，学級での主張性トレーニング（週1回1時限×4回）を実施した結果，承認感・被侵害感には変化が見られなかったものの，主張的行動は増加したことが報告されている。

　これらの実践報告はトレーニングの内容や効果測定の指標が異なることもあり，結果は一定でない。また主張性の2側面と適応の2側面の両方が十分に測定されていないケースも多い。そのため「主張性が高まり，それに伴い内的適応と外的適応も高まる」といった因果関係が生じているのかは，明確な知見が得られているとは言いがたい。主張性トレーニングでの最終目標は，対人的技能を身につけて肯定的な結果を得ることである（Kern, 1982）。よって，主張性が適応状況の向上に寄与しうるのかについて，確認する必要があるだろう。

16 第1部 理論的背景

（3）対人関係ストレスについて

　児童は学校生活において，友人や教師との関係など心理的ストレス誘因となる様々な出来事（ストレッサー）を経験している。ただし同じような出来事を経験しても，その後のストレス反応には個人差がみられる。この現象は心理的ストレスモデル（Lazarus & Folkman, 1984）で説明され，出来事の捉え方や，対処の仕方（コーピング）によって個人のストレス反応の表出に違いが生じるとされている。これまでの研究から，主張性が心理的ストレス過程に役立つことを示す知見が得られている。

　ストレッサーとの関連について，児童を対象にアサーション・トレーニングを行った結果，主張性レベルの上昇だけでなく，友人関係ストレッサー（仲間からの侵害）の低下が見られた（Avşar & Alkaya, 2017）。また大学生においてアサーティブな自己表現は，非主張的や攻撃的な自己表現に比べて，有意に対人ストレスイベントの経験度が少ないことが報告されている（関口・三浦・岡安，2011）。

　コーピングについては，大学生を対象とした調査（坂田・松田，2016）で主張性と対人ストレスコーピングが友人関係での満足度を高めることが報告されている。また太田・嶋田・神村（1999）では小学生を対象にコーピングへの介入として主張性トレーニングを実施した結果，特にトレーニング前に主張性スキルが低かった児童の場合にストレス反応が軽減されており，主張性が自尊感情を高め，適切なストレスコーピングの実行に有効であると報告されている。

　また主張性の高さはネガティブ感情やストレス反応の低さと関連することが示され（関口ら，2011；寺田・新井，2007），主張性が心理的ストレスの緩衝要因であると考察されている。

　このように主張性は，ストレッサー，コーピング，ストレス反応との間で関連が確認されている。しかし主張性がストレスモデル全体の中でどのように作用しストレス反応の軽減につながっているかを包括的に検討した報告は

なされていない。主張性が心理的ストレス過程におよぼす影響を詳細に検討することは，効果的なストレスマネジメントの実践活動を検討する上でも有用と考えられる。

渡部（2008a）では高校生を対象に主張性と対人ストレッサーとの関連を検討しており，主張性のうち他者配慮の側面が高すぎる場合，対人関係での劣等感を感じ，他者葛藤を経験しやすいことが報告されている。このように自己表明と他者配慮では，それぞれ心理的ストレス過程との関連が異なる可能性も想定される。

3．主張行動と認知的過程について

主張性トレーニングの問題点として，実践は盛んに行われている一方で，実証的研究が少ないことが指摘されている（用松・坂中，2004）。例えば一般的なトレーニングでは，「主張的な表現」をトレーナーが提示し，児童に考えさせるといった内容が含まれている（園田・中釜，2000）。しかし，実際の主張場面で児童がどのような表現を用いており，トレーニングによってどう変化するか等は，詳細な検討はほとんどなされていない。児童の実情に即したトレーニングを行う上でも，具体的な主張内容を把握することは不可欠であろう。

さらに，具体的な主張内容と主張性との関連についても研究知見が乏しい。主張性は主張行動や内容に影響を与えると考えられるが，主張性の程度により，どのような主張行動が可能になるのか，具体的なセリフ内容にどういった差異が生じるかなどは明らかにされていない。これらを把握することは，児童における適応的な主張行動を検討する上で有用であろう。また男女によっても，用いられやすい主張行動や主張内容が異なることが指摘されており（古市，1995），性別における差異も考慮する必要があると考えられる。

実際の主張場面では，具体的な主張行動を行う際，瞬時に認知的処理が行われ，行動の選択が行われている。個人の主張行動や攻撃行動における認知

18 第1部 理論的背景

過程を検討するために多く用いられているのが，社会的情報処理モデル（Dodge, 1990；Crick & Dodge, 1994）である。これは個人が社会的状況に直面した際の，認知から行動実行までの流れを一連の情報処理ステップとして捉え，説明するモデルである。ここでは「①社会的手がかりの符号化」，「②手がかりの解釈」，「③目標の明確化」，「④反応検索と構築」，「⑤反応決定」，「⑥行動実行」の6つのステップが設定されている。さらに過去の経験や記憶からなる「データベース」が設定されており，それが各ステップと相互に影響しあっているとされている。実際場面では瞬間的に働くプロセスであるが，細分化して検討することで，認知的特徴や偏りを明らかにし，行動変容を可能にする。

濱口（1994b）では，挑発場面を設定した研究において，主張行動が主張性などの個人特性の影響より，社会的情報処理の影響を多く受けていたことを報告している。

久木山（2005）は，社会的情報処理の解釈・目標明確化ステップによってアサーション行動が予測されるとしている。

渡部（2008b）では，久木山（2005）と同様のモデルを踏襲し，主張性の4要件が解釈，目標明確化，行動実行ステップに影響を及ぼすことを報告している。

自分の気持ちや考えを表現する特性である自己表明と相手の気持ちや考えを配慮する特性の他者配慮では，対人目標の設定や行動選択に違いが生じることが想像される。自己表明は「自己表明をするか否か」の行動面の影響が大きいが，他者配慮は認知的要素が強いと考えられる。よって他者配慮の側面を扱うことで，表明行動のみに捕らわれない，日本的価値観に合った主張性のあり方や，認知的側面からの新しい介入方法を提言し得るという点で，主張性教育に役立つことが期待できる。

4．文化的要因について

　先に述べたような，相手を尊重し，あえて主張しない「熟考的主張」は，「特に他者との関係が重視される日本では，こうした主張性のあり方を評価していくことが重要」とされている（柴橋，1998）。こういった主張は，「時には引いて相手に合わせることもやりながら自己の意見を主張するという，集団内での独自な対人テクニック」（吉武，1991）とされ，自己表明の少ない消極的で不適応的に見える行動であっても，日本的価値観に合った，ひとつの適応の形とも考えられている（高木，2001）。

　主張には文化・民族による差が指摘されており（Baggs & Spence, 1990；古市ら，1991；Zane, Sue, Hu, & Kwon, 1991；用松・坂中，2004），欧米では他者とは異なる自己の独自性を見出し，それを表出していくことが重視される「相互独立的自己観（independent self）」が，日本においては，他者との協調性や結びつきが重視される「相互協調的自己観（interdependent self）」が優勢であるとされる（Markus & Kitayama, 1991）。また日本では，「以心伝心」や「察し合い」をよしとする風潮があり，必要な主張は行うべきであるが，その表出方法にことさら敏感であり，他者への影響に配慮し，調和を損ねないようにという意識が高いとされる（園田，2002）。

　以上のように，他者配慮は日本的文化に適した概念であり，実際に他者配慮を用いている個人が多いことが考えられる。よって，他者配慮は日本において広く認められる概念であり，日本における主張性を考える上で検討意義は大きいものと考えられる。

第2章　本研究の目的と構成

第1節　本研究の目的

　先に述べたように，主張性という概念が様々な領域で広まり，主張性研究や教育現場でのトレーニングが実施されているにもかかわらず，いくつかの課題が残されている。

　すなわち，①自己表明のみから主張性を検討することへの限界，②他者配慮の観点を含めた児童期の主張性研究の少なさ，それに付随した③主張行動と個人内要因に関する問題，④心理社会的適応に関する問題，⑤主張行動と認知過程に関する問題である。

　こうした背景を受け本研究では，児童の主張における他者配慮に注目し，主張性を自己表明と他者配慮の2側面から捉え直すこととする。具体的には，以下を明らかにすることを目的として研究を行う。

目的1：児童用の他者配慮尺度を新たに作成し，主張性を自己表明と他者配慮の2側面から類型化を行い，その心理的特徴を検討する。

目的2：他者配慮の観点を加えた主張性と，心理社会的適応との関連を検討する。

目的3：他者配慮の観点を加えた主張性と，主張行動および認知的過程との関連を検討する。

　なお，本研究では小学校高学年の児童を対象とする。

　この年齢段階は，他者の視点に立って自分の思考や行動について内省できる認知発達水準にあるとされ（Selman et al., 1986），相手の視点に立ち，主体的に自己表明を調整する他者配慮が十分可能な発達段階にあると考えられる。

また日本文化では児童期においても，他者配慮が対人関係上で重要な役割を果たしていると考えられるためである。

第2節　本研究の構成

　本研究は以下の3部構成である。第1部では理論的背景の説明として，第1章で主張性に関する先行研究を概観し，本研究の動向と今日的課題を取り上げた上で，第2章において本研究全体の目的と意義，内容構成について述べる。

　第2部では，第1部で挙げた3つの目的に対応する形で実証的検討を行う。

　目的1に関しては，第3章で主張における他者配慮尺度を作成し（研究1-1），第4章でその信頼性と妥当性の検討を行う（研究1-2）。また第5章で主張性のタイプを類型化し，心理的特徴との関連を検討する（研究2）。

　目的2に関しては，第6章で自己表明・他者配慮と心理社会的適応との関連について，自己評定・他者評定による検討を行い（研究3），第7章で短期縦断的調査による検討を行う（研究4）。さらに第8章で心理的ストレス過程との関連について検討を行う（研究5）。

　目的3に関しては，第9章で自己表明・他者配慮と主張行動との関連の検討を行う（研究6）。また第10章で社会的情報処理の観点から，主張性が主張行動の産出に及ぼす影響を検討する（研究7）。

　第3部では総括として，本論文で得られた結果と知見を整理し，その意義と限界，今後の課題について述べる。

第 2 部　実証的検討

第3章　他者配慮尺度の作成
【研究1-1】[1]

第1節　全体の目的

　本研究では，児童の主張における他者配慮尺度を作成し，その構造を検討することを目的とする。その際，児童の実情に合っていること，既存の主張性の自己表明を測定する尺度との併用が可能であること，の2点を兼ね備えた尺度の作成を目指す。

第2節　目的（予備調査）

　項目作成に先立ち，児童の主張場面における他者配慮について探索的に検討するために，予備調査を実施することを目的とした。

第3節　方法（予備調査）

1．調査対象者
　関東圏の公立小学校に在籍する教師23名（男性8名・女性15名：教職歴10年未満4名，10年以上11名，20年以上5名，30年以上3名）を調査対象とした。

2．調査時期
　面接調査は2006年2月，郵送調査は2006年3月－4月に実施された。

1）研究1-1は江口・濱口（2010）に加筆・修正を行ったものである。

26　第2部　実証的検討

3．調査内容
（1）面接調査

　児童の主張における他者配慮の現状について，小学校教師3名に対し60－90分程度の半構造化面接調査を個別に実施した。面接では，まず教師に対して主張における他者配慮の定義について説明を行った。その上で，これまで関わった高学年児童の中で，「主張の際に他者への配慮が見られる児童」を男女各1名ずつ想起させ，それぞれの児童について，主張における他者配慮の具体的なエピソード，行動や友人関係の特徴などを尋ねた。また自己表明のみが高い児童との違いについても聞き取りを行った。その結果，児童においても自己主張の際に他者配慮が十分に認められることが確認された。

（2）質問紙調査

　上記の面接によって得られた，主張における他者配慮の具体的なエピソードや行動，主張性に関する文献，既存の主張性尺度を参考に，他者配慮の項目プールを作成した。その際，濱口（1994a）に基づき，主張場面を，（a）権利の防衛，（b）要求の拒絶，（c）異なった意見の表明，（d）個人的限界の表明，（e）他者に対する援助の要請，（f）他者に対する肯定的な感情と思考の表明，（g）社交的行動，（h）指導的行動，の8つに分類した。その上で，それぞれの場面に対応するよう項目プールを設定した。

　作成した項目プールについて，首都圏の公立小学校の教師20名（男7名，女13名）へ郵送による個別記入式の質問紙調査を行った。質問紙では，「主張の際に他者への配慮が見られる子」を男女1名ずつ挙げてもらい，作成した項目プールにその児童がどのくらいあてはまるか，評定を求めた。また質問紙の最後に自由記述欄を設け，「質問項目の内容」や「主張において他者配慮のできる子の特徴」についての意見を求めた。

4．調査手続き

　個別の半構造化面接を教師3名（男性1名，女性2名）に実施した。また郵送での個別記入式の質問紙調査を教師20名（男性7名，女性13名）に対して行った。

第4節　結果（予備調査）

　質問紙調査の結果，項目プールのうち教師調査で得点にばらつきの見られた項目を削除，修正し，自由記述の意見も参考に項目を追加した予備項目群（50項目）を作成した。

　これらの項目群に対し，項目の内容的妥当性が確認された。まず発達心理学を専門とする大学教員1名および大学院生3名によって，項目内容が定義に即しているかが確認された。一致率は96％であり，適当でないと判断された2項目が削除された。

　その上で，小学校教師3名によって項目内容が確認され，全ての項目が定義に即していると判断された。さらに表現・表記が確認され，小学4－6年生に理解が困難と思われる箇所は平易な表現・表記へと修正を行った。最終的に48項目からなる他者配慮尺度（原版）が作成された。

第5節　目的（本調査）

　予備調査で作成した原版をもとに他者配慮尺度を作成するとともに，因子構造を確認することを目的とした。

第6節　方法（本調査）

1．調査対象者

　関東圏の公立小学校に在籍する4－6年生901名（4年生：男子171名・女子175名，5年生：男子147名・女子140名，6年生：男子152名，女子116名）を調査対象とした。

28　第2部　実証的検討

2．調査時期および実施方法

2006年7月と2008年3月に実施された。

3．調査内容

①他者配慮尺度（原版）　予備調査を基に作成された48項目の自己評定尺度である。項目に示された内容が普段の様子にどのくらい当てはまるか，5件法（「よく，あてはまる：5」，「少しあてはまる：4」，「どちらともいえない：3」，「あまり，あてはまらない：2」，「まったく，あてはまらない：1」）で回答を求めた。得点が高いほど，主張場面での他者配慮が高いことを示す。

②社会的望ましさ　本明・久米・織田（1987）の「M－G性格検査小学校用」の「虚構尺度」を用いた。「きらいな人が，しっぱいしたとき，『いいきみだ。』と思ったことがありますか」などの10項目からなる。2件法（「はい：1」，「いいえ：0」）で回答を求めた。他者配慮尺度は，社会的に肯定，評価されるような行動内容の項目が多い。よって，社会的望ましさの影響を統制するために本尺度を用いた。尺度得点が高いほど，回答を社会的に望ましい方向へ歪めやすい傾向が高いことを示す。

なお調査票は全部でA－Cの3種類が作成された。使用した質問紙は巻末に添付する。調査票A，Bは①，②，Cは①の尺度からなる。調査票A, Bでは，項目の多さから回答者の負担を考慮し，①を項目内容に偏りがないよう折半し（各24項目），2種類の調査票に分けた。

社会的望ましさとの関連の検討は調査票A，Bに回答した228名（A＝113名；男子61名，女子52名，B＝115名；男子55名，女子60名），因子構造の確認および性差，学年差の検討は調査票Cに回答した312名（男子163名，女子149名）を分析対象とした。

4．調査手続き[2]

調査は個別記入式の質問紙により，調査対象者の在籍する学級単位で授業

第3章　他者配慮尺度の作成【研究1-1】　29

時間内に集団で実施された。フェイスシートには学年，組，性別の記入を求めた。学級担任が質問紙を一斉に配布し，担任の指示の元で一斉に回答が求められた。回答中に不明な点があった場合には，学級担任が適宜対応するよう求めた。

5．倫理的配慮[3]

　調査に際し，実施する学校に調査内容を説明し，学校長より実施の承諾を得た。また調査を実施する教師全員に「調査の手引き」が配布され，実施方法や倫理的配慮について児童に口頭で説明を行うよう求めた。

　説明の内容は，①本調査は普段の気持ちや考えについて尋ねるものであること，②学校の成績とは無関係であること，③回答の正誤・良し悪しはないこと，④テストではないので思ったとおりに回答すること，⑤回答内容が教師，家族，友人に知られることがないこと，⑥調査への協力は自由意志であり，協力しないことによる不利益は一切ないこと，⑦調査開始後でも，回答したくない項目に対する回答拒否や調査協力の中断が可能であること，であった。説明された内容は児童が確認できるようフェイスシートにも記載した。

　なお調査は，著者の所属機関に設置された研究倫理委員会の承認を得て実施された。

第7節　結果（本調査）

1．因子構造の検討
（1）得点の偏りの検討

　他者配慮尺度（原版）の48項目について項目分析を行った。天井効果（5点以上），床効果（1点以下）を確認し，天井効果の見られた5項目を削除した。各項目の基礎統計量を Table 2 に示す（削除項目は，網掛けで表記）。

2）この調査手続きは，以降の全調査において同様に行われた。
3）この倫理的配慮は，以降の全調査において同様に行われた。

30　第2部　実証的検討

（2）社会的望ましさの検討

　残った43項目について，社会的望ましさの影響を統制するために，虚構尺度の合計得点と有意に相関が高い項目を削除した。虚構尺度の合計得点に性差・学年差が見られたため，これらの変数を統制した偏相関を求めた。有意な相関の見られた18項目（$r=.25$以上）を削除し，最終的に残ったのは25項目であった。この25項目は設定した8つの主張場面を全て含んでおり，内容的にも妥当であると判断された。偏相関分析の結果を Table 2 に示す（削除項目は，網掛けで表記）。

（3）尺度構造の検討

　最終的に残った25項目について，因子構造が確認された。因子分析（主因子法・プロマックス回転）の結果，固有値が1以上の因子が3因子抽出された。固有値の推移（順に10.62，1.31，1.07）と因子間相関の高さ（$r=.63-.75$）から，1因子が妥当であると判断された。

　因子数を1に指定し，再度分析（主因子法・回転なし）を行った結果，全ての項目で第1因子への因子負荷量が.40以上となった。項目を精選する目的で，設定した8つの主張場面ごとに負荷量の高い2項目を選び，最終的に16項目（8場面×2項目）を採用した。分析の結果を Table 3 に示す（削除項目は網掛けで表記）。

（4）尺度得点の分布

　他者配慮尺度16項目の合計得点範囲は16－80点であり，本調査における平均値は58.92（中央値60.00，最小値18.00，最大値80.00），SD は11.63であった。歪度は－.65で，やや高得点よりであることが示された。尖度は.54で，正規分布より得点が中心化していることが示された。しかし，歪度，尖度ともに1.0未満の値であることから，正規分布からの偏りはそれほど大きくはないものと考えられた。得点分布は Figure 1 に示した。

第 3 章　他者配慮尺度の作成【研究1-1】　　31

Table 2　他者配慮尺度（原版）の基礎統計量と偏相関係数

項目	平均値	*SD*	平均値+*SD*	平均値-*SD*	偏相関
a．権利の防衛					
a 1．友だちにもんくを言うときは，その人がぜったいに傷つかないよう，気をつけている。	3.41	(1.04)	4.45	2.37	.261
a 2．友だちに迷惑なことをやめるように言うとき，その人がいやな気分にならないよう気をつけている。	3.54	(1.06)	4.60	2.48	.197
a 3．友だちにもんくを言うとき，その人に言い分があるようなら，聞くようにしている。	3.73	(1.01)	4.74	2.72	.114
a 4．友だちにしてほしいことを言うとき，それがわがままでないか考えるようにしている。	3.68	(1.04)	4.72	2.65	.201
a 5．友だちにもんくを言うときは，いじわるな言い方にならないように気をつけている。	3.58	(1.15)	4.73	2.44	.370
a 6．友だちに注意をするときは，相手をせめる言い方にならないように気をつけている。	3.59	(1.06)	4.65	2.53	.444
b．要求の拒絶					
b 1．友だちのさそいを断るときは，相手の気持ちを考えて，あやまるようにしている。	3.98	(1.13)	5.11	2.86	—
b 2．友だちのたのみを断るときは，相手が気持ちよくゆるしてくれるよう気をつかっている。	3.74	(1.13)	4.87	2.62	.188
b 3．友だちからの良くないさそいを断るときは，友達にもそれをさせないように努力している。	3.55	(1.04)	4.59	2.51	.301
b 4．人のたのみを断るときは，自分がして当たり前のことを断っていないか，気をつけている。	3.50	(1.02)	4.52	2.48	.254
b 5．人のたのみを断るときは，相手に迷惑をかけないか，よく考えてからにしている。	3.66	(1.04)	4.70	2.63	.297
b 6．友達のたのみを断るときは，代わりの方法をていあんできないか，考えるようにしている。	3.50	(1.05)	4.54	2.45	.173
b 7．友だちのたのみを断るときは，代わりに何かできないか，考えるようにしている。	3.59	(1.00)	4.59	2.59	.180
c．異なる意見の表明					
c 1．友だちの意見に反対するときは，その人を怒らせないよう気をつけている。	3.57	(1.15)	4.71	2.42	.201
c 2．話し合いのとき，自分の意見にこだわって，ほかの人の意見をよく聞いていない。（※逆転項目）	3.56	(1.15)	4.71	2.41	.295

32　第2部　実証的検討

c 3. 友だちと意見が合わないときも，どうすれば意見がまとまるか考えるようにしている。	3.60	(1.11)	4.71	2.49	.174
c 4. 友だちが自分の意見にさんせいしてくれなかったら，その理由を考えるようにしている。	3.41	(1.12)	4.54	2.29	.127
c 5. 友だちの意見が自分とちがっていても，ダメだと決めつけないようにしている。	3.78	(1.04)	4.81	2.74	.168

d. 個人的限界の表明

d 1. できないことをできるふりをして，友だちにめいわくがかからないように気をつけている。	3.30	(1.21)	4.51	2.09	.152
d 2. 知らないことを知っているふりをして，友だちをだましてしまわないよう気をつけている。	3.69	(1.15)	4.84	2.54	**.417**
d 3. まちがって教えたことをとりけさなかったせいで，人を困らせたりしないよう気をつけている。	3.74	(0.99)	4.73	2.74	**.337**
d 4. 人からたのまれたことは，自分にできるか考えてから返事をするよう心がけている。	3.80	(1.10)	4.90	2.71	**.280**
d 5. 正しいかどうか確かめてから，友だちに何か教えるようにしている。	3.55	(1.00)	4.55	2.55	.062
d 6. まちがいを認めなかったせいで，友だちをいやな気分にしないよう気をつけている。	3.67	(1.01)	4.69	2.66	.223
d 7. できないことを伝えるときは，相手をいやな気分にしないよう，言い方に気をつけている。	3.71	(1.02)	4.74	2.69	.219

e. 他者への援助の要請

e 1. 友だちにたのみごとをするときは，いばって聞こえないように気をつけている。	3.85	(1.11)	4.96	2.74	.159
e 2. 友だちに何かたのむときは，「悪いね」など，気づかいの言葉をかけるようにしている。	3.65	(1.11)	4.77	2.54	.215
e 3. 人に何かたのむときは，相手の都合も考えるようにしている。	3.90	(1.06)	4.96	2.84	**.283**
e 4. 友だちがたのみごとを聞いてくれなかったら，聞いてくれるまであきらめない。（※逆転項目）	3.38	(1.21)	4.58	2.17	**.272**
e 5. 友達に何かたのむときは，自分かってなおねがいをしていないか，いつも気をつけている。	3.73	(0.99)	4.72	2.75	**.335**

f ．他者への肯定的な感情と思考の表明

f 1．人にお礼を言うのを忘れていないか，いつも気にしている。	3.76	(1.09)	4.85	2.67	**.267**
f 2．人にお礼を言うときは，かんしゃの気持ちがしっかり伝わるよう心がけている。	3.83	(1.06)	4.89	2.77	.206
f 3．友だちが何かいいことをしたら，すぐに気がつくように心がけている。	3.71	(1.02)	4.73	2.69	**.317**
f 4．友だちへのほめことばは，本心から言うよう気をつけている。	3.80	(0.94)	4.74	2.86	.222
f 5．友だちのいいところは，自分からさがして，伝えるようにしている。	3.61	(1.06)	4.66	2.55	.198

g ．社交的行動

g 1．自分から楽しい話をして，その場のふんいきを良くしようとしている。	3.71	(1.14)	4.85	2.56	.170
g 2．友だちを遊びにさそうとき，相手も楽しめるか考えるようにしている。	3.98	(1.12)	**5.10**	2.87	—
g 3．友だちとおしゃべりするときは，楽しいふんいきをこわさないよう気をつけている。	4.06	(1.05)	**5.10**	3.01	—
g 4．友だちとおしゃべりしているとき，自分ばかりしゃべらないよう気をつけている。	3.71	(1.07)	4.78	2.63	**.279**
g 5．相手のきもちを考えて，話をえらんだり，かえたりしている。	3.59	(1.03)	4.62	2.55	.202
g 6．相手のきげんを見て，話をつづけたり，終わらせたりしている。	3.73	(1.05)	4.79	2.68	.056
g 7．遊びのとちゅうでぬけるときは，みんなに断ってから帰るようにしている。	4.34	(1.04)	5.38	3.30	—

h ．指導的行動

h 1．人に何か指示をするときは，えらそうにならないように気をつけている。	3.76	(1.06)	4.82	2.70	**.286**
h 2．リーダーの役をやるときは，自分勝手にならないよう気をつけている。	3.97	(1.09)	**5.06**	2.88	—
h 3．グループで仕事をするときは，みんなが仕事をしやすいよう，考えるようにしている。	3.62	(0.95)	4.57	2.67	.197
h 4．話し合いをまとめるときは，みんなの意見を聞くようにしている。	3.79	(1.02)	4.81	2.77	**.370**
h 5．リーダーの役をやるときは，みんながまとまるように気を配っている。	3.71	(1.06)	4.76	2.65	.223
h 6．まとめ役をするときは，みんなの気持ちを考えるようにしている。	3.81	(1.06)	4.87	2.75	.141

34　第2部　実証的検討

Table 3　他者配慮尺度の主成分分析結果

項目	負荷量 (25項目)	負荷量 (16項目)
d 7．できないことを伝えるときは，相手をいやな気分にしないよう，言い方に気をつけている。	.69	.70
h 6．まとめ役をするときは，みんなの気持ちを考えるようにしている。	.69	.70
b 2．友だちのたのみを断るときは，相手が気持ちよくゆるしてくれるよう気をつかっている。	.66	.67
d 6．まちがいを認めなかったせいで，友だちをいやな気分にしないよう気をつけている。	.65	.66
g 5．相手のきもちを考えて，話をえらんだり，かえたりしている。	.65	.66
b 7．友だちのたのみを断るときは，代わりに何かできないか，考えるようにしている。	.64	.65
a 4．友だちにしてほしいことを言うとき，それがわがままでないか考えるようにしている。	.66	.64
a 2．友だちにめいわくなことをやめるように言うとき，その人がいやな気分にならないよう気をつけている。	.63	.64
c 3．友だちと意見が合わないときも，どうすれば意見がまとまるか考えるようにしている。	.63	.64
h 5．リーダーの役をやるときは，みんながまとまるように気を配っている。	.64	.64
f 4．友だちへのほめことばは，本心から言うよう気をつけている。	.64	.64
f 2．人にお礼を言うときは，かんしゃの気持ちがしっかり伝わるよう心がけている。	.63	.62
b 6．友達のたのみを断るときは，代わりの方法をていあんできないか，考えるようにしている。	.62	—
e 2．友だちに何かたのむときは，「悪いね」など，気づかいの言葉をかけるようにしている。	.60	.61
d 5．正しいかどうか確かめてから，友だちに何か教えるようにしている。	.62	—
g 6．相手のきげんを見て，話をつづけたり，終わらせたりしている。	.58	.58
c 4．友だちが自分の意見にさんせいしてくれなかったら，その理由を考えるようにしている。	.59	.58
h 3．グループで仕事をするときは，みんなが仕事をしやすいよう，考えるようにしている。	.57	—
e 1．友だちにたのみごとをするときは，いばって聞こえないように気をつけている。	.56	.57
c 1．友だちの意見に反対するときは，その人を怒らせないよう気をつけている。	.56	—
a 3．友だちにもんくを言うとき，その人に言い分があるようなら，聞くようにしている。	.50	—
c 5．友だちの意見が自分とちがっていても，ダメだと決めつけないようにしている。	.52	—
f 5．友だちのいいところは，自分からさがして，伝えるようにしている。	.49	—

g1. 自分から楽しい話をして，その場のふんいきを良くしようとしている。	.47	―
d1. できないことをできるふりをして，友だちにめいわくがかからないように気をつけている。	.43	―
固有値	9.04	9.29
寄与率	36.98	37.20

a．権利の防衛．b．要求の拒絶．c．異なった意見の表明．d．個人的限界の表明．e．他者に対する援助の要請．f．他者に対する肯定的な感情と思考の表明．g．社交的行動．h．指導的行動

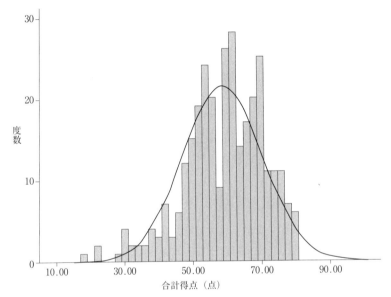

Figure 1　16項目合計得点の得点分布

2．性差・学年差の検討

他者配慮尺度の性差・学年差を検討するため，他者配慮尺度の合計得点を従属変数，性（2）×学年（3）を要因とする2要因分散分析を行った（Table 4）。

その結果，性の主効果が有意（$F(1,306)=9.62$, $p<.01$）であり，女子が男子に比べて得点が高いことが示された。学年の主効果および交互作用は，有意でなかった。

36 　第2部　実証的検討

Table 4　性別・学年別にみた他者配慮得点の基礎統計量
ならびに性×学年の2要因分散分析結果

尺度/学年		4年生 ($N=96$)	5年生 ($N=115$)	6年生 ($N=101$)	全体 ($N=312$)	性差 (F値)	学年差 (F値)	交互作用 (F値)
他者配置	男	58.51 (8.48)	56.00 (11.38)	56.90 (11.79)	57.01 (10.80)	9.62(**) 男子<女子(**)	.84(n.s)	.46(n.s)
	女	61.02 (12.04)	60.00 (12.86)	62.56 (11.26)	61.09 (12.10)			
	合計	59.84 (10.54)	57.91 (12.23)	59.31 (11.85)	58.96 (11.60)			

**$p<.01$

第8節　全体の考察

　本研究の目的は，既存の主張性の自己表明を測定する尺度との併用が可能で，かつ児童の現状に即した他者配慮尺度を作成することであった。予備調査で児童の現状と主張場面に対応した原尺度が作成され，主成分分析の結果，16項目1因子構造の他者配慮尺度が作成された。この16項目全体は，設定した8つの主張場面を網羅しており，主張における他者配慮を測定する内容として妥当であると判断できるだろう。

　また尺度得点で性の主効果がみられ，男子に比べ女子の方が，主張の際に他者配慮を行う傾向が高いことが示唆された。このことから小学高学年という年齢層においては，男子に比べ女子が他者への配慮が高いことが明らかとなった。この点については，以降の研究結果を踏まえて総合的考察で詳しく検討する。

第4章　他者配慮尺度の信頼性・妥当性の検討[4]
【研究1-2】

第1節　目的

　本研究では，作成された他者配慮尺度の信頼性と妥当性を検討することを目的とする。

　信頼性は，内的整合性と再検査信頼性，妥当性は構成概念妥当性の観点から検討を行う。なお，妥当性検討には，共感性，外向性の2尺度と，仮想場面での主張行動の自由記述反応を用いた。

　他者配慮尺度と各尺度との関連は，以下のように予測される。他者配慮の構成概念には，「相手の立場に立って物事を考える」が含まれる。この点で，共感性の視点取得と共通する部分があると考えられ，正の相関が予測される。また他者配慮には「思いつきや感情のままに自己主張をしない」という側面も含まれる。よって「感情を抑えるのが苦手で，外に表しやすい傾向」を意味する外向性（曽我，1999）とは負の相関が予測される[5]。さらに主張行動との関連であるが，他者配慮尺度得点の高い児童は低い児童に比べて，主張行動に他者への配慮が多く認められる事が考えられる。

　また自己表明は他者配慮とともに主張性を支える側面であるため，両者の関連性についても検討を行う。

4）研究1-2は江口・濱口（2010）に加筆・修正を行ったものである。
5）本研究で使用する外向性尺度（曽我，1999）は，「社交的」「陽気な」「明るい」という内容は含まれない。

38   第2部　実証的検討

第2節　方法

1．調査対象者

　信頼性，妥当性の検討は調査票 D，E に回答した586名（D＝225名：男子116名，女子109名，E＝361名：男子191名，女子170名）を分析対象とした。なお本調査の対象者は，研究1-1の対象者の一部である。

2．調査時期

　2006年7月と2008年3月に実施され，再検査は2006年9月に実施された。

3．調査内容

　調査票は D，E の2種類が作成された。Dは①，②，③，④，Eは①，⑤の尺度からなる。フェイスシートには学年，組，性別の記入を求めた。

　①他者配慮　研究1-1で作成された他者配慮尺度を用いた。「出来ないことを伝えるときは，相手をいやな気分にしないよう，言い方に気をつけている」などの16項目からなる。5件法（「よく，あてはまる：5」—「まったく，あてはまらない：1」）で回答を求めた。

　②自己表明　児童用主張性尺度（ASC：濱口，1994a）の短縮版を用いた。本尺度は主張性の自己表明の側面を測定しており，「あなたは，おもちゃをかしてほしいと言われても，かしたくない時は，ことわれる」などの18項目からなる。4件法（「はい：4」—「いいえ：1」）で回答を求めた。短縮版は，全項目のうち I-T 相関係数の高かった10項目からなり，信頼性，妥当性が確認されている（濱口，1994b）。なお概念の混乱を避けるため，以降本尺度の得点は，「主張性得点」ではなく「自己表明得点」と記す。

　③共感性　桜井（1986）の「児童用共感性尺度（ESC）」の短縮版（ESC-Ⅱ）を用いた。ESC は「たとえ自分はプレゼントをもらわなくても，ほかの人がもらったプレゼントを開くのを見ていると，楽しくなります」などの

20項目からなる。5件法（「はい：5」―「いいえ：1」）で回答を求めた。短縮版は，社会的望ましさとの相関が有意でなかった9項目からなり，信頼性が確認されている。

④**外向性**　曽我（1999）の「小学生用5因子性格検査（FFPC）」の「外向性因子尺度」を用いた。「目だちたがりやである」などの8項目からなる。3件法（「はい：3」，「？：2」，「いいえ：1」）で回答を求めた。ここでの外向性は，「活動的で自己顕示欲が強く，怒りなどの感情を抑えるのが苦手で，外に表しやすい傾向」を示す。

⑤**主張行動**　「あなたは友だちに『ほうかご，あそびに行こう』とさそわれました。でもあなたは『今日は，行きたくないな』と思っています」という文章を提示し，普段の自分が答えるセリフを，1つだけ記述するように回答を求めた。この仮想場面は，濱口（1994a）の主張場面のうち，相手からの要請に対し，嫌な時にはきちんと断る「要求の拒絶」に当たる。児童が普段遭遇する機会が多く，自分の意見を表明するだけでなく，他者への配慮が求められる場面である。なお，相手に何も言わない場合も，「なにも言わない」と記入するよう求めた。

4．調査手続き

調査は個別記入式の質問紙により，調査対象者の在籍する学級単位で授業時間内に集団で実施された。フェイスシートには学年，組，性別の記入を求めた。学級担任が質問紙を一斉に配布し，担任の指示の元で一斉に回答が求められた。

5．倫理的配慮

調査に際し，実施する学校に調査内容を説明し，学校長より実施の承諾を得た。また調査を実施する教師全員に「調査の手引き」が配布され，実施方法や倫理的配慮について児童に口頭で説明を行うよう求めた。

40　第2部　実証的検討

　説明の内容は，①本調査は普段の気持ちや考えについて尋ねるものである
こと，②学校の成績とは無関係であること，③回答の正誤・良し悪しはない
こと，④テストではないので思ったとおりに回答すること，⑤回答内容が教
師，家族，友人に知られることがないこと，⑥調査への協力は自由意志であ
り，協力しないことによる不利益は一切ないこと，⑦調査開始後でも，回答
したくない項目に対する回答拒否や調査協力の中断が可能であること，であ
った。説明された内容は児童が確認できるようフェイスシートにも記載した。

　なお調査は，著者の所属機関に設置された研究倫理委員会の承認を得て実
施された。

第3節　結果

1．信頼性の検討

（1）内的整合性の検討

　他者配慮尺度のCronbachのα係数は，16項目全体で.91であり，高い内
的整合性が確認された。

（2）再検査信頼性の検討

　全対象者中の4－6年生84名を対象に2か月後の調査を実施した。その結
果，rは.74（$p<.001$）であり，ある程度の時間的安定性を有していることが
示された。

2．妥当性の検討

　構成概念的妥当性を検討するために，他者配慮尺度と他の基準尺度との相
関係数を求めた。その結果，共感性との間に有意な正の相関（$r=.37$，
$p<.001$），外向性との間に有意な負の相関が認められた（$r=-.30$，$p<.001$）。

　さらに，主張行動との関連による妥当性の検討を行った。まず，産出され
た個人の主張行動の記述を，意味内容ごとに分類した。分類カテゴリーの設

定は，江口・濱口（2009）を参照に，「断り」，「謝罪」，「理由説明」，「関係維持」，「攻撃」，「非主張」の６つに分類し，産出数の少ない「攻撃」，「非主張」を除いた４カテゴリーを採用した。各カテゴリーの定義は，「断り」：相手の要求に対する断りの表明，「謝罪」：断ることに対する謝罪，「理由説明」：断る理由の説明，「関係維持」：次の機会の示唆や代替案の提示，であった。分類の信頼性を得るため，全データの約1/3（４－６年142名分）について，心理学を専攻する大学院生１名に分類を求めた。筆者の分類との一致率は91％で，十分な値が得られた。

対象者を他者配慮得点の平均値（$M=60.3$）を基準に高低２群に分類し，群と主張行動の内容との関連を検討した。χ^2検定を行った結果（Table 5），断り（$\chi^2(1)=6.70$, $p<.01$），謝罪（$\chi^2(1)=9.50$, $p<.001$），理由説明（$\chi^2(1)=12.11$, $p<.001$），関係維持（$\chi^2(1)=5.19$, $p<.05$）において人数の偏りが有意であった。残差分析の結果，「断り」は他者配慮低群で，「謝罪」，「理由説明」，「関係維持」は他者配慮高群で多かった。

このことから，他者配慮得点の高い児童は，低い児童に比べ，単に伝える

Table 5　内容カテゴリーと群別のクロス集計表

内容カテゴリー		群	
		低	高
断り	度数	116▲	90▽
	調整済み残差	(2.9)	(-2.9)
謝罪	度数	63▽	93▲
	調整済み残差	(-3.0)	(3.0)
理由説明	度数	81▽	109▲
	調整済み残差	(-2.8)	(2.8)
関係維持	度数	26▽	44▲
	調整済み残差	(-2.3)	(2.3)

▲：有意に多い，▽：有意に少ない
注）１つの回答に複数の内容カテゴリーが含まれた場合，各カテゴリーにそれぞれカウントを行った。

べき内容を直接的に表明するのでなく，他者や関係性を配慮するような主張行動を多く用いている事が明らかとなった。

　以上の結果はともに概ね予測どおりであり，構成概念妥当性が確認されたといえよう。

3．自己表明との関連の検討

　自己表明と他者配慮の関連性について相関分析を行った結果，有意な正の関連（$r=.26$，$p<.001$）が認められた。

第4節　考察

　本研究の目的は，他者配慮尺度の信頼性と妥当性を確認することであった。

　信頼性について，内的整合性と再検査一貫性の検討を行った結果，尺度の高い信頼性が示唆された。また構成概念妥当性の検討を行った結果，共感性尺度得点と正の相関，外向性尺度得点との負の相関関係が認められた。また主張行動との関連について，他者配慮得点の高い児童は低い児童に比べ，単に伝えるべき内容を直接的に表明するのでなく，他者や関係性を配慮するような主張行動を多く用いている事が明らかとなった。以上の結果は概ね予測どおりであり，本尺度の信頼性，妥当性が確認された。

　さらに他者配慮と自己表明の間には有意な正の関連が認められた。自己表明が高い者ほど，主張の機会そのものが多く，他者配慮が求められる場面も多く現れるのかもしれない。また，結果として他者配慮能力も育まれやすい事も考えられる。さらに正の関連が見られたことから，2側面が相反する能力ではないことが推察された。ただし，相関は低い程度に留まっていることから，両者はある程度独立した側面であると考えられよう。

第5章　主張性と心理的特徴との関連
【研究2】[6]

第1節　目的

　本研究では，自己表明と他者配慮の2次元から個人の主張性を類型化し，各類型と心理的特徴との関連を検討することを目的とする。その際，測定指標として対人不安傾向と攻撃性を取り上げる。

　対人不安傾向は非主張的主張，攻撃性は攻撃的主張といった不適切な主張行動を引き起こす要因とされ（平木, 1993），両者は主張性の定義から明確に排除されている。これまでの研究では，自己表明が低いことは，対人不安傾向や攻撃性を背景とした不適応的状態と考えられてきた。しかしその背景に他者配慮の高さが存在する場合，必ずしも不適応的ではないことが示唆されており（柴橋, 1998），両側面を含めた主張性の検討の必要が指摘されている。よって研究2では，自己表明と他者配慮の2側面の組合せにより児童の主張性を類型化し，各類型と心理的特徴との関連を検討する。

　なお研究1では，他者配慮得点において有意な性差が確認され，背景要因として男女の対人志向性の差異（Maccoby, 1990）が推察された。このように，他者配慮は質・量ともに男女で異なることが考えられるため，分析は男女別に行うこととする。

6）研究3は江口・濱口（2012）に加筆・修正を行ったものである。

44　第 2 部　実証的検討

第 2 節　方法

1．調査対象者

　関東圏内の公立小学校 4 校に在籍する 4 － 6 年生321名（4 年生；男子49名・女子48名，5 年生；男子44名・女子58名，6 年生；男子70名・女子52名）を調査対象とした。

2．調査時期

　2006年10月－11月に実施された。

3．調査内容

　①**他者配慮**　研究1-1で作成された他者配慮尺度を用いた。16項目 5 件法（「よく，あてはまる：5 」―「まったく，あてはまらない：1 」）である（研究1-2-研究 7 　共通）。

　②**自己表明**　児童用主張性尺度（ASC：濱口，1994a）を用いた。18項目 4 件法（「はい：4 」―「いいえ：1 」）である（研究 2 -研究 7 　共通）。

　③**攻撃性**　坂井・山崎（2004）の小学生用 P － R 攻撃性質問紙の表出性攻撃（身体的・言語的攻撃，怒りの表出など），不表出性攻撃（敵意など），関係性攻撃（仲間はずれ，陰口など）の下位 3 尺度（各 7 項目）を使用した。4 件法（「とてもよくあてはまる：4 」―「まったくあてはまらない：1 」）で回答を求めた。

　④**対人不安傾向**　松尾・新井（1998）の児童用対人不安傾向尺度を用いた。否定的評価懸念（対人場面の否定的な評価を気にする傾向），情動的反応（対人場面で生理的反応を含む情動が喚起されやすい傾向），対人関与の苦痛（人と関ることに苦痛を感じる傾向）の 3 下位尺度からなる。18項目 4 件法（「とてもあてはまる：4 」―「ぜんぜんあてはまらない：1 」）で回答を求めた。

　調査票は項目の多さから児童の負担を考え A, B の 2 種類を作成し，各児童が両方に回答するよう求めた。調査票Aには①と③，調査票Bには②と④

の尺度が含まれていた。調査票Aの実施1週間後に，調査票Bを実施するよう，実施者に依頼した。なお，両調査票で回答児の一致を図るため，フェイスシートには学年，組，性別，出席番号の記入を求めた。

4．調査手続き

　調査は個別記入式の質問紙により，調査対象者の在籍する学級単位で授業時間内に集団で実施された。フェイスシートには学年，組，性別の記入を求めた。学級担任が質問紙を一斉に配布し，担任の指示の元で一斉に回答が求められた。

5．倫理的配慮

　調査に際し，実施する学校に調査内容を説明し，学校長より実施の承諾を得た。また調査を実施する教師全員に「調査の手引き」が配布され，実施方法や倫理的配慮について児童に口頭で説明を行うよう求めた。

　説明の内容は，①本調査は普段の気持ちや考えについて尋ねるものであること，②学校の成績とは無関係であること，③回答の正誤・良し悪しはないこと，④テストではないので思ったとおりに回答すること，⑤回答内容が教師，家族，友人に知られることがないこと，⑥調査への協力は自由意志であり，協力しないことによる不利益は一切ないこと，⑦調査開始後でも，回答したくない項目に対する回答拒否や調査協力の中断が可能であること，であった。説明された内容は児童が確認できるようフェイスシートにも記載した。

　なお調査は，著者の所属機関に設置された研究倫理委員会の承認を得て実施された。

46　第 2 部　実証的検討

第 3 節　結果

1．他者配慮，自己表明の組合せによる類型の検討

（1）群の設定

　他者配慮，自己表明尺度の組合せによる類型を検討するために群分けを行った。まず他者配慮，自己表明の各尺度得点について，平均値を基準に高・低に分けた。なお他者配慮には有意な得点差が見られたため，他者配慮，自己表明ともに男女別に平均値を算出した（他者配慮：男子 $M=57.09$，女子 $M=62.15$，自己表明：男子 $M=56.05$，女子 $M=55.55$）。その後，2 尺度得点の高低の組合せから 4 群を設定し，全児童をいずれかに振り分けた。4 群は，両得点が高い「両高」群，他者配慮得点のみ高い「配慮優位」群，自己表明得点のみ高い「表明優位」群，両得点が低い「両低」群とした。

（2）男女別の群差の検討

　男女別に群を独立変数，対人不安傾向，攻撃性の下位尺度得点を従属変数とする 1 要因分散分析を実施した。以下，男女ごとの結果を示す[7]。

　ⅰ）男子の結果

　分散分析の結果，対人不安傾向の下位 3 尺度と関係性攻撃において，群の主効果が有意であった（Table 6）。多重比較（Tukey 法）の結果，否定的評価懸念では「配慮優位」群が「両低」，「表明優位」，「両高」群に比べて有意に得点が高く，情動的反応，対人関与の苦痛では「配慮優位」群が「両高」群に比べて有意に得点が高かった。

　関係性攻撃では「配慮優位」群が「両低」群に比べて有意に得点が高かった。

7）研究 1 において学年間で他者配慮に有意差が見られなかったこと，小学校高学年の「主張における他者配慮」の特徴についての検討を目的としていること，調査ごとに学年別の調査人数にばらつきが生じてしまうことを踏まえ，本研究では学年差の検討を行わないこととした。

第 5 章　主張性と心理的特徴との関連【研究 2】　47

Table 6　群別にみた各尺度得点の基礎統計量ならびに 1 要因分散分析の結果（男子）

尺度／群	1．両低		2．表明優位		3．配慮優位		4．両高		F 値	多重比較
	($N=56$)		($N=20$)		($N=31$)		($N=56$)			
評価懸念	14.57	(0.61)	13.75	(1.03)	17.61	(0.83)	13.27	(0.61)	6.24***	3＞4 ***，2 **，1 **
情動的反応	12.14	(0.52)	11.35	(0.87)	14.00	(0.70)	10.57	(0.52)	5.34**	3＞4 ***
対人関与苦痛	7.36	(0.35)	7.15	(0.58)	8.81	(0.47)	6.39	(0.35)	5.79***	3＞4 ***
表出性攻撃	16.00	(0.67)	17.10	(1.12)	18.77	(0.90)	17.21	(0.67)	2.05*n.s.*	
関係性攻撃	14.20	(0.87)	15.05	(1.46)	18.29	(1.17)	15.48	(0.87)	2.86*	3＞1 *
不表出攻撃	16.13	(0.78)	19.35	(1.31)	18.97	(1.05)	16.55	(0.78)	2.17*n.s.*	

*$p<.05$，**$p<.01$，***$p<.001$

Table 7　群別にみた各尺度得点の基礎統計量ならびに 1 要因分散分析の結果（女子）

尺度／群	1．両低		2．表明優位		3．配車優位		4．両高		F 値	多重比較
	($N=56$)		($N=28$)		($N=29$)		($N=46$)			
評価懸念	16.22	(0.62)	13.96	(0.87)	15.93	(0.86)	16.04	(0.68)	1.65*n.s.*	
情動的反応	14.42	(0.57)	10.93	(0.80)	14.21	(0.79)	12.54	(0.63)	5.10**	1＞2 **，3＞2 *
対人関与苦痛	8.64	(0.36)	7.21	(0.51)	7.69	(0.50)	6.46	(0.40)	5.75***	1＞4 ***
表出性攻撃	17.35	(0.73)	17.39	(1.03)	18.10	(1.01)	15.89	(0.80)	1.15*n.s.*	
関係性攻撃	16.11	(0.85)	14.82	(1.19)	18.31	(1.17)	16.54	(0.93)	1.53*n.s.*	
不表出攻撃	18.84	(0.75)	15.21	(1.06)	15.69	(1.04)	17.52	(0.82)	2.68*	1＞2 *

*$p<.05$，**$p<.01$，***$p<.001$

ⅱ）女子の結果

　分散分析の結果，対人不安傾向の情動的反応，対人関与の苦痛，攻撃性の不表出性攻撃において，群の主効果が有意であった（Table 7）。多重比較（Tukey 法）の結果，情動的反応では「両低」，「配慮優位」群が「表明優位」群に比べ有意に得点が高く，対人関与の苦痛においては，「両低」群が「両高」群に比べて有意に得点が高かった。不表出性攻撃においては，「両低」群が「表明優位」群に比べ，有意に得点が高かった。

第 4 節　考察

　本研究における目的は，他者配慮と自己表明の組合せから個人の主張性を類型化し，各類型の心理的特徴を検討することであった。その際，特徴を測

48　第2部　実証的検討

定する指標として，対人不安傾向と攻撃性を取り上げた。以下に男女別の考
察を述べる。

1．男子の結果

　自己表明と他者配慮が高い「両高」群では，対人不安傾向の下位3尺度全
てで「配慮優位」群に比べて有意に得点が低く，4群中最も不安を感じずに
仲間に対して自己主張を行っていることが示された。また，他者配慮の低い
「表明優位」群でも，否定的評価懸念が「両高」群と同程度に低かった。自
己表明を多く行う「両高」「表明優位」の2群で対人不安傾向が低いという
結果は，自己表明と対人不安との負の関連を示す一連の研究知見と一致する
ものである（渡部・稲川，2002）。

　これに対して「配慮優位」群では，対人不安傾向の下位3尺度と関係性攻
撃で得点が有意に高かった。この結果は，同程度に他者配慮が高い「両高」
群とは対照的である。

　小学高学年の児童の場合，自己表明の高さは向社会的行動や攻撃行動を統
制してもなお，仲間関係の適応に正の関連がある（濱口・江口，2009）ことか
ら，「配慮優位」群は「両高」群の児童に比べて自己表明が低いために仲間
関係の適応が低くなる傾向があると推察される。

　男子は相手に対する優位性を仲間関係において求める傾向があるとされる
が（Maccoby, 1990），相手への配慮が強く自己主張を控えるような「配慮優
位」群の行動は，小学生男子の仲間関係の適応にとっては，あまり効果的で
ない可能性もあるだろう。仲間関係の適応が比較的低い状況では，自己主張
する際の相手への配慮も，「相手から悪く思われないか」といった否定的評
価懸念と結びつきやすくなることは理解できる結果である。

　また「配慮優位」群の男子は，4群中で関係性攻撃が最も高いが，これは
相手への配慮が多いことで，言いたいことを主張できず不満や欲求が鬱積し
やすく，それが不適切で操作的な攻撃行動として表出される，といった過程

も考えられるだろう。先行研究では，関係性攻撃を示す児童は，高い心理的不安や低い自尊心，抑うつや孤立といった様々な適応上の問題を抱えていることが報告されている（Crick & Grotpeter, 1995）。本研究においても，この群の児童の対人不安傾向の高さが示されており，その他の適応上の問題も抱えている可能性も十分考えられよう。

　自己表明と他者配慮が低い「両低」群の男子児童は，対人不安傾向や攻撃性といった主張行動を妨げる心理的要因の影響を受けているわけでないことが示された。よってこの「両低」群の自己表明の低さは，主張意欲の低さや一人を好む傾向，対人関与への関心の低さが考えられ，そのため他者を操作するような関係性攻撃が少なかったことが考えられよう。

2．女子の結果

　「両高」群では対人関与の苦痛が有意に低く，「表明優位」群では情動的反応，不表出性攻撃が有意に低く，「配慮優位」群では情動的反応が有意に高く，「両低」群では情動的反応，対人関与の苦痛，不表出性攻撃が有意に高いという結果になった。

　自己表明の高い群で，対人不安傾向が低く攻撃的特徴が見られないという結果は，男子と同様であった。その一方で女子では，自己表明の低い群のうち，他者配慮も低い「両低」群で，不適応的な特徴を持つことが示唆された。この群の自己表明の少なさは，不安の高さと表出されない敵意（Selman *et al.*, 1986）といった不適応的な背景を含んでいると考えられる。怒り内向者は主張性が低く，抑うつや不安が高いとされており（田中，2001），この群の女児は，高い心理的ストレスを抱えやすい傾向がうかがわれる。

　よって女子の「両低」群の場合，攻撃性は適切な形で表出されずに他者への敵意として鬱積し，そのため他者配慮の感情が育ちにくい，といった関連性が考えられよう。また男女とも攻撃性の高い群で自己表明が低かったが，普段怒り感情を抱えても適切に表明できていない場合，不満が溜まり，不適

切な形で表出される可能性も指摘されている（平木，1993）。普段自己主張が少ないが高い攻撃性を抱えている児童は，そうした行動を呈しやすい可能性も推測される。

男子で最も不適応的だった「配慮優位」群であるが，女子では情緒的な反応のしやすさはあるが，それ以外の不適応的特徴は認められなかった。これは，他者配慮が優位であることの意味が男女で異なるために生じた可能性が考えられる。

すでに見たように，主張における他者配慮は女子が男子より有意に高い。また，女子は親密な人間関係の形成・維持を求める傾向が強いことが指摘されており（Maccoby, 1990），仲間に自己主張をする際には，相手に不快な思いをさせて関係を損なうことを男子よりも回避しようとする傾向が強いと考えられる。他者配慮が自己表明に比べてやや過度であったとしても，女児においては標準的なことであり，女児の仲間関係の中ではむしろ肯定的に評価される可能性がある。そのため，男子の場合のように対人不安と強く関連するものではないかもしれない。配慮が求められる女児の仲間関係においては，配慮が高いことで仲間適応が高くなり，その結果，相手に対し不安や敵意を抱きにくくなることも推測される。

3．まとめ

従来の主張性研究では，自己表明の低さは，対人不安傾向と攻撃性によって特徴付けられてきた（Alberti & Emmons, 1990）が，本研究において，他者配慮の観点から主張性を類型化したことで，自己表明の低い者の中にも，不適応的特徴の高くない群が存在することが見出された。

主張性と不適応的要因の関連について，詳細な検討が可能となったこと，1次元尺度の限界を指摘する先行研究（e.g., 柴橋, 1998）を支持する結果が得られたことは，意義のあることと考えられる。また，自己表明の低い者の中でも，男子では他者配慮が高い群，女子では他者配慮が低い群で不適応的特

徴が高く，男女によって他者配慮の果たす機能が異なる可能性が示唆された。この知見は，主張性教育やトレーニングを実施する際，単に2側面の促進を目指せばよいのではなく，特に他者配慮については，自己主張とのバランスが必要であること，個人の主張性の類型と性差も考慮する必要があることを示唆するものであろう。

第6章　主張性と内的適応・外的適応との関連
－自己評定・他者評定による検討－【研究3】[8]

第1節　目的

　本研究では，主張性を自己表明と他者配慮の2側面から捉え，適応との関連を検討する。

　適応は，内的適応指標として「自尊感情」，外的適応指標として級友からの「承認」と「被侵害」の状況をそれぞれ自己評定で求める。

　自尊感情は内的適応指標として，古くより主張性研究で多く用いられており（Alberti & Emmons, 1990；Kelly et al., 1980），仲間適応も外的適応指標として様々に検討がなされている（Deluty, 1981；藤村ら，1999；古市，1995b；渡部・稲川，2002）。

　本研究では，研究2と同様に主張性を4タイプに類型化し，適応との関連について新たに検討を行う。

　さらに外的適応指標として，他児からの「ソシオメトリック肯定的指名」と，教師による「仲間関係の適応評定」を併せて用いる。これらの他者評定指標は，対象児の現在および今後の学級適応にも影響を及ぼすものとして検討する意義があると考えられる。

　なおソシオメトリックテストは，「好き‐嫌い」などの様々な肯定・否定的な側面について，当てはまる仲間を指名する方法である。集団における仲間関係の構造を把握する上で有用な手法であるが，否定的指名による悪影響も懸念されている。

8）研究3は江口・濱口（2012）に加筆・修正を行ったものである。

54   第 2 部　実証的検討

　ソシオメトリックテストによる実際のネガティブな影響は，海外の実証的
検討ではほとんど確認されていない（Mayeux, Underwood, & Risser, 2007）。日
本国内でもネガティブな研究報告例は見られていないが，教育的，倫理的な
観点から十分な配慮が必要（姜，1999）とされている。よって本研究でも倫
理的配慮に留意し，検討を行うこととする。

　予想される結果は，自己表明は自尊感情と正の関連が示されており（Lowe
& Storm, 1986），本研究でも同様の結果が予想される。また「自己表明」と
「他者の表明を望む気持ち」の両方が高い群は，自尊感情が高いことが明ら
かとされている（阿部，2007）。上記の「他者の表明を望む気持ち」は，本研
究とは異なる視点から他者配慮を捉えているが，自尊感情と他者配慮との関
連を示唆する結果と言える。

　よって本研究でも，自己表明と他者配慮の高い「両高」群で，最も自尊感
情が高いことが予想される。

　ただし他者配慮の作用には性差の影響も予測される。研究 2 で「配慮優
位」群は男子で対人不安傾向と関係性攻撃が高いという結果が得られている。
これは「配慮優位」群の他者配慮の多さと自己表明の少なさには，対人不安
が関連している可能性があること，また他者操作的な攻撃行動という形で自
己表出がなされる傾向があることが考えられる。さらに不安と攻撃性は，不
適応と親和性が高いことが報告されている（武蔵・箭本・品田・河村，2012；
岡田，2013）。

　以上を踏まえると，他者配慮のみの高さは，内的適応の低さを示唆するこ
とが考えられる。よって男子では，「両低」群と「配慮優位」群が同程度に
適応が低いことが考えられる。一方女子では，「配慮優位」群は「両低」群
に比べて適応が高いことが考えられる。

　外的適応については，ASC（濱口，1994a）は攻撃的でない表明行動を測定
しており，挨拶や賞賛のような肯定的アサーションは承認と正の関連，権利
防衛や要求拒絶といった否定的アサーションは被侵害と負の関連がある（濱

口・江口，2009)。よって高いほど適応的と考えられる。

　また研究１で作成した他者配慮尺度は，愛他的な気遣いを測定しており，共感と正の相関がある。他者配慮の高さは，日本の文化的背景（Markus & Kitayama, 1991）に適ったものと考えられることから，高い方が適応的であろう。

　よって自己表明と他者配慮がともに高い「両高」群で，最も外的適応が高いことが予測される。

　他者による外的適応評価では，仲間および教師は当事者とは異なる視点，基準から評定を行っており，結果は自己評定と異なる可能性が考えられる。これらの外的適応評価には，仲間関係のあり方が影響することが考えられる。Maccoby（1990）は，児童期において，男子は仲間内での支配性を，女子は親和性を志向するとしている。

　そこで，男子では支配的地位を獲得しやすいと考えられる自己表明の多い児童，女子では親和性の維持に寄与するような他者配慮の多い児童で，仲間からの評価が高く，教師からも適応状態を高く評価されることが想定される。

第２節　方法

１．調査対象者

　関東圏内の公立小学校に在籍する４－６年269名ならびに各学級の担任教員９名に調査を実施した。分析は，記入漏れ，記入ミスの見られなかった207名（４年生男子23名，女子20名，５年生男子28名，女子25名，６年生男子57名，女子54名）を対象とした。教師評定は，記入ミスのあった１名（５年生１学級28名分）を除く８名を分析対象とした。

２．調査時期

　2006年10月－11月に実施された。

56 　第2部　実証的検討

3．調査内容

（1）児童対象

①**他者配慮**　研究1-1で作成された他者配慮尺度を用いた。16項目5件法（「よく，あてはまる：5」－「まったく，あてはまらない：1」）である（研究1-2-研究7　共通）。

②**自己表明**　児童用主張性尺度（ASC：濱口，1994a）を用いた。18項目4件法（「はい：4」－「いいえ：1」）である（研究2-研究7　共通）。

③**内的適応**　子ども用自尊感情尺度（外山・伊藤，2001）を用いた。「自分に自信がありますか」などの10項目からなる。4件法（「はい：3」－「いいえ：0」）で回答を求めた。

④**外的適応（自己評定）**　学級生活満足度尺度（小学生用）（河村・田上，1997）を用いた。「承認」，「被侵害」の下位2尺度（各6項目）12項目からなる。4件法（「よくある：4」－「まったくない：1」）で回答を求めた。

（2）外的適応（仲間指名）

⑤**ソシオメトリック指名法**　学級内で「休み時間にいっしょに遊びたい」と思う同性の友人を3名まで選択させ，出席番号の記入を求めた。

（3）外的適応（教師評定）

⑥**学級担任による評定**　濱口・江口（2009）の仲間関係適応項目（教師評定）を使用した。

担当学級の各児童について，出席番号と性別を記入の上，「仲のよい友人が，たくさんいる」などの仲間関係における適応状態を問う4項目に5件法（「大変よく当てはまる：5」－「全く当てはまらない：1」）で評定を求めた。α = .82であり十分な信頼性が確認されている。

4．調査手続き

調査は個別記入式の質問紙により，調査対象者の在籍する学級単位で実施された。児童用質問紙は，学級担任の指示の元で一斉に回答・回収が行われた。教師用の質問紙は，児童用質問紙を実施したのとほぼ同時期に，教師が各自で回答した。

5．倫理的配慮

調査に際し，実施する学校に調査内容を説明し，学校長より実施の承諾を得た。また調査を実施する教師全員に「調査の手引き」が配布され，実施方法や倫理的配慮について児童に口頭で説明を行うよう求めた。

説明の内容は，①本調査は普段の気持ちや考えについて尋ねるものであること，②学校の成績とは無関係であること，③回答の正誤・良し悪しはないこと，④テストではないので思ったとおりに回答すること，⑤回答内容が教師，家族，友人に知られることがないこと，⑥調査への協力は自由意志であり，協力しないことによる不利益は一切ないこと，⑦調査開始後でも，回答したくない項目に対する回答拒否や調査協力の中断が可能であること，であった。説明された内容は児童が確認できるようフェイスシートにも記載した。

なお調査は，著者の所属機関に設置された研究倫理委員会の承認を得て実施された。

6．ソシオメトリックテストにおける配慮

ソシオメトリックテストに際し，児童への否定的影響に十分配慮して実施した。質問内容は否定的指名を含めず，肯定的指名（一緒に遊びたい人を問う）のみとした。また調査冊子には表紙・裏表紙を設け，回収の際に評定結果が他人から見えないように工夫した。

児童には教示の際に，回答内容が担任やクラスメイトに知られることはなく，結果は統計的に処理し，研究発表などにおいて個人が特定されない旨を

58　第2部　実証的検討

Table 8　性別にみた各尺度得点の

尺度	男子		女子	
	M	*SD*	*M*	*SD*
1　他者配慮[a]	56.40	(12.15)	63.13	(10.22)
2　自己表明[a]	57.17	(7.50)	56.28	(8.72)
3　自尊感情[a]	22.82	(6.42)	21.32	(6.34)
4　承認[a]	18.27	(3.77)	18.80	(3.47)
5　被侵害[a]	11.53	(4.72)	11.33	(4.24)
6　仲間指名[a]	49.55	(9.17)	49.70	(10.23)
7　教師評定[b]	13.73	(3.39)	14.19	(3.00)

[a] 男子：*N* = 108，女子：*N* = 99.
[b] 男子：*N* = 93，女子：*N* = 86.
相関係数の上段：男子，下段：女子.
*p < .05，**p < .01，***p < .001.

強調した。

　教員には実施に先だち，ソシオメトリックテストの目的や方法に関して十分な説明を行い，了解を得た。調査冊子は回答終了後に一斉回収し，その場で回収用封筒（封緘テープ付き）に入れて封をし，回答内容を確認することがないよう依頼した。実施による児童への影響や問題点があった場合は適宜報告するよう求めたが，トラブルに関する報告は0件であった。

第3節　結果

1．他者評定による適応指標の構成

（1）仲間指名

　前田（1995）にならい標準得点化を行った。まず，各児童が仲間から受けた肯定的指名数を合計し，本人を除くクラスの同性仲間数で除算した。その後，同一学年の同性の平均値と*SD*に基づき標準得点に変換した。これを仲間からの支持の指標とした。

記述統計量と相関係数

1	2	3	4	5	6	7
	.41***	.36***	.51***	− .36***	.13	.26*
.29***		.39***	.41***	− .33***	.09	.36***
.27**	.43***		.63***	− .42***	.11	.27**
.35***	.37***	.53***		− .53***	.21*	.44***
− .15	− .27**	− .14	− .35***		− .37***	− .61***
.17	.06	.01	.16	− .29***		.41***
.33**	.27*	.22*	.43***	− .39***	.41**	

（2）教師評定

逆転項目の得点を反転させた上で，4項目に因子分析を行ったところ，固有値の推移（2.49→.77→.49）から1因子構造が認められた。尺度の平均値は13.82，標準偏差は3.20で，α係数は.79と高く，十分な信頼性が確認された。

2．基礎統計

各尺度の男女別の平均値，標準偏差，単相関の値を求めた（Table 8）。男女間での平均値の差の検定を行った結果，他者配慮について，女子が男子に比べ得点が高いことが示された（$F(1,205)=4.29$, $p<.001$）。

相関については男女ともに，他者配慮と自己表明の間に有意な正の相関が見られた。また他者配慮，自己表明のそれぞれで，おおむね適応指標とは中程度の正の相関，不適応指標とは有意な負の相関関係が見られた。

外的指標との関連について，仲間指名は男女ともに被侵害と有意な負の相関がみられた（男子：$r=-.37$，女子：$r=-.29$）。仲間からの肯定的指名が多い児童ほど，被侵害感が低いことが示された。

教師評定は男女ともに他者配慮，自己表明，自尊感情と有意な正の相関

60　第2部　実証的検討

（r＝.22―.36），被侵害と有意な負の相関がみられた（男子：r＝－.61，女子：r＝－.39）。また仲間指名と有意な正の相関（男子：r＝.41，女子：r＝.41）がみられた。

　以上より，外的指標は自己評定の回答傾向と一致がみられ，自己報告内容との解離がないことが確認された。

3．自己表明，他者配慮の組合せによる類型の検討

（1）群の設定

　自己表明，他者配慮の各尺度得点について，男女別の平均値（Table 8）を基準に高低に分けた（他者配慮：男子 M＝56.40，女子 M＝63.13，自己表明：男子 M＝57.17，女子 M＝56.28）。

　その後，高低の組合せから，「両高」群，「配慮優位」群，「表明優位」群，「両低」群の4群を設定し，対象者をいずれかに分けた。

（2）男女別の群差の検討

　男女別に群を独立変数，各適応指標を従属変数とする1要因分散分析を実施した。

　i）男子の結果（Table 9）

　自己評定　分析の結果，自尊感情（$F(3,104)$＝5.28，$p<.01$），承認（$F(3,104)$＝10.13，$p<.001$），被侵害（$F(3,104)$＝5.23，$p<.01$）で群の主効果が有意であった。多重比較（Tukey 法）の結果，自尊感情では「両高」群が「両低」群に比べて有意に得点が高かった。承認では「両高」群が「両低」，「表明優位」群に比べて有意に得点が高く，被侵害では「両低」群が「両高」群に比べて有意に得点が高かった。

　他者評定　分析の結果，仲間による指名については有意な群差は認められず，教師による適応評定において群の主効果が有意であった（$F(3,89)$＝5.29，$p<.01$）。多重比較（Tukey 法）の結果，「両高」群が「両低」，「配慮優位」群

第6章　主張性と内的適応・外的適応との関連【研究3】　　61

Table 9　群別にみた各尺度得点の基礎統計量ならびに1要因分散分析の結果（男子）

	1．両低	2．表明優位	3．配慮優位	4．両高	F 値	多重比較
自尊感情[a]	20.37 (1.03)	21.64 (1.62)	22.24 (1.32)	25.84 (0.98)	5.28**	1<4**
承認[a]	16.26 (0.57)	17.07 (0.90)	18.48 (0.73)	20.45 (0.55)	10.13***	1<4***，2<4**
被侵害[a]	13.37 (0.75)	12.86 (1.19)	11.38 (0.97)	9.42 (0.72)	5.23**	4<1**
仲間指名[a]	48.26 (1.55)	47.39 (2.45)	50.29 (2.00)	51.13 (1.49)	0.91n.s.	
教師評定[b]	12.52 (0.55)	13.45 (0.96)	13.15 (0.71)	15.62 (0.59)	5.29**	1<4**，3<4*

[a] 両低：$N=35$，表明優位：$N=14$，配慮優位：$N=21$，両高：$N=38$．
[b] 両低：$N=33$，表明優位：$N=11$，配慮優位：$N=20$，両高：$N=29$．
*$p<.05$，**$p<.01$，***$p<.001$．

Table 10　群別にみた各尺度得点の基礎統計量ならびに1要因分散分析の結果（女子）

	1．両低	2．表明優位	3．配慮優位	4．両高	F 値	多重比較
自尊感情[a]	18.26 (1.05)	21.06 (1.47)	21.05 (1.25)	24.83 (1.07)	6.42**	1<4***
承認[a]	16.74 (0.57)	18.63 (0.80)	19.91 (0.68)	20.20 (0.58)	7.16***	1<3**，1<4***
被侵害[a]	13.45 (0.73)	9.63 (1.01)	10.41 (0.86)	10.73 (0.74)	4.40**	2<1*，3<1*，4<1*
仲間指名[a]	47.16 (1.79)	47.18 (2.49)	54.49 (2.13)	50.16 (1.82)	2.72*	1<3*
教師評定[b]	12.37 (0.54)	14.79 (0.74)	15.14 (0.61)	15.04 (0.57)	5.62**	1<2*，1<3**，1<4**

[a] 両低：$N=31$，表明優位：$N=16$，配慮優位：$N=22$，両高：$N=30$．
[b] 両低：$N=27$，表明優位：$N=14$，配慮優位：$N=21$，両高：$N=24$．
*$p<.05$，**$p<.01$，***$p<.001$．

に比べ有意に得点が高かった。

ⅱ）女子の結果（Table 10）

自己評定　分析の結果，自尊感情（$F(3,95)=6.42$，$p<.01$），承認（$F(3,95)=7.16$，$p<.001$），被侵害（$F(3,95)=4.40$，$p<.01$）において群の主効果が有意であった。多重比較（Tukey 法）の結果，自尊感情では「両高」

群が「両低」群に比べ有意に得点が高かった。承認では「両高」,「配慮優位」群が「両低」群に比べ有意に得点が高く,被侵害では「両低」群が他の3群に比べ有意に得点が高かった。

他者評定 分析の結果,仲間指名（$F_{(3, 95)} = 2.72$, $p < .05$）,教師評定（$F_{(3, 82)} = 5.62$, $p < .01$）において,群の主効果が有意であった。多重比較（Tukey法）の結果,仲間指名では「配慮優位」群が「両低」群に比べ有意に得点が高く,教師評定では他の3群が「両低」群に比べ有意に得点が高かった。

第4節　考察

　本研究の目的は,主張性を自己表明と他者配慮の2側面から捉え,適応との関連を検討することであった。

　主張性の類型と適応との関連について検討を行った結果,自尊感情,承認,被侵害において,男女とも「両高」群が「両低」群に比べて得点が高かった。主張性は「自他尊重の自己表現」であり「自尊感情を育てる（園田,2002）」とされる。他者配慮と自己表明の両方を多く行うことで内的適応感が高まり,さらに自他尊重のコミュニケーションが可能となり外的適応が高まる,といった円環的関係が考えられよう。総じて自己報告型の指標では,男女ともに主張性の2側面が高い状態が低い状態に比べ,内的・外的適応に重要な役割を果たすことが示され,予想が支持された。

　ただし承認においては,男子では他者配慮が低い「両低」,「表明優位」群が「両高」群に比べ得点が低く,女子では他者配慮の高い「両高」,「配慮優位」群が,「両低」群に比べ得点が高かった。このことから,男女とも自己表明の程度に関わらず,他者配慮は仲間からの承認が高いことが示された。第1章（第4節）でも示したように,他者配慮を加えた主張行動は,敵対的でない印象を与え,相手に満足感をもたらしやすいことが報告されている（Kern, 1982；Woolfolk & Dever, 1979）。他者配慮の高さがこうした行動に繋が

第6章　主張性と内的適応・外的適応との関連【研究3】　63

り，仲間からの承認を促進する可能性が示唆された。ただし他者配慮と主張
行動との関係は明らかになっていないため，後の章（研究6，7）で検討を
行う。

　また被侵害においては，女子では「両低」群に比べ他の3群で得点の低さ
が認められた。女子の場合，自己表明が低くとも，他者配慮が高いことで，
侵害を防ぐ可能性が新たに示された。

　これらの結果より，主張の際に他者配慮を多く行うことは，外的適応に有
効に機能することが示唆された。

　仲間指名では，男子は有意な群差は認めらなかった。女子では，「両低」
群に比べ「配慮優位」群で仲間からの人気が高いことが明らかとなり，「女
子では他者配慮の多い児童が仲間からの評価が高い」という予想が一部支持
された。この結果は，予測と同様に仲間関係（Maccoby, 1990）の影響が考え
られる。女子の場合，表明の少なさと他者配慮の高さが組み合わさった場合，
特に親和的と見なされ，肯定的評価につながることが示唆されたといえよう。
一方，仲間からの人気度は，学力，運動能力，身体的魅力などの非社会的特
徴にも影響される（前田，1995）と言われる。男子の結果は，こうした特徴
の影響が考えられる。

　教師による仲間適応評定については，男子では自己表明の低い「両低」，
「配慮優位」群が「両高」群に比べて低く，女子では「両低」群が他の3群
に比べて低かった。よって，「男子では自己表明の多い児童は他者からの評
価が高い」という予想は概ね支持されたと言えよう。この結果も仲間関係
（Maccoby, 1990）の影響が考えられ，男子では自己表明が少ない場合に，仲
間内での支配性が低いと見なされ，外的適応評価に反映されることが示唆さ
れた。

　ただし男子の結果は，自己評定および仲間指名の結果とは対照的であった。
すなわち教師評定以外では，「配慮優位」群の男子は，内外の適応指標に有
意な得点の低さは認められなかった。自己，仲間，教師のいずれの評定結果

64   第2部   実証的検討

がより実態に即しているかは，本研究では判断することが出来ない。ただし「配慮優位」群の男子で確認された対人不安傾向や関係性攻撃の高さ（研究2）は，精神的健康の低下につながりやすいことが考えられ，長期的視点での内的適応について注意する必要があろう。

　一方女子の教師評定では，自己評定，仲間指名と比べて対照的な結果は得られなかった。また女子の「配慮優位」群は男子の同群とは異なり，適応全体に関して「両高」群と有意な差はなく，対人不安傾向や攻撃性の高さも確認されなかった（研究2）。女子のこの群の特徴は，先に挙げた「熟慮的な主張性（柴橋，1998）」や「積極的非主張（久木山，2005）」といった適応的主張行動の概念に近いと考えられる。この結果は，上記の主張行動の存在とその効果が，児童期の女子でも確認されたと言えるだろう。

　このように児童期でも，他者配慮の多寡は外的・内的適応に影響を及ぼす要因であることが確認された。また，男女で主張性の類型の特徴が異なることも明らかとなった。先行研究における他者配慮と適応に関する肯定的結果（Kern, 1982；Woolfolk & Dever, 1979）および否定的結果（渡部，2009a）には，内的・外的という適応の種類のみならず，性別の違いも考えられる。しかし上記の研究は，対象の発達段階が異なる上に，詳細な性差の検討は行っていない。今回の知見が異なる発達段階でも認められる現象であるか検討する必要があろう。また本研究では主張性と一時点での適応状況を検討したが，長期的に適応へどのような影響を及ぼすかを把握するために，縦断的研究が不可欠と考えられる。

第7章　主張性と内的・外的適応との因果関係
―短期縦断的検討―【研究4】[9]

第1節　目的

　研究3では主張性と一時点での適応状況について検討を行った。本研究ではさらに，主張性が適応に対してどのような影響を及ぼすかを把握するために，ａ）主張性と適応との因果関係について短期縦断的に検討し，ｂ）自己表明・他者配慮から主張性のタイプを分類し，2時点の適応状況との関連について明らかにすることを目的とする。

　予想される結果は，ａ）では自己表明と他者配慮からそれぞれ適応への影響が見られることが考えられ，その影響は両者で異なることも予想される。また適応から主張性への影響も見られる可能性も考えられるため，ｂ）では1時点での調査と同様に，主張性のタイプによって適応状況が異なることが考えられる。また，例えば主張性の両側面が高いタイプの場合はその後の適応がより高くなるなど，時期とタイプとの交互作用が見られることも予想される。

　なお個人の主張性のタイプ分けは，研究3では1時点での自己表明と他者配慮の高低の組合せから分類を行った。主張性のような個人特性は，ある程度時間的な安定性と状況間での一貫性が想定されている（濱口，2004）ため，短期間の日常生活の中で大幅な変動は生じにくいと考えられるが，適応から主張性への影響関係も想定されるため，1回目の調査時点の適応状況によって後の主張性にも変化が生じる可能性も考えられる。よって本研究では，2

9）研究4は江口・濱口（2015）に加筆・修正を行ったものである。

時点の自己表明と他者配慮の得点を元に，クラスター分析を用いて主張性のタイプを分類することとする。

なお調査の間隔は約6か月とした。この種の縦断研究においてどの程度の調査間隔が適切かは，統一の見解が得られておらず，研究によって様々である。

学校適応や主張性に関する調査には，5か月後と8か月後（亀村・小林，2012），9か月後（石川ら，2007）などがあり，小学生の友人関係は調査開始時（1学期）に比べて，5か月後（2学期），8か月後（3学期）で複雑で多岐に変化していくこと（亀村・小林，2012）や，主張性スキルが日常の学級生活の中で，9か月後有意に上昇していたこと（石川ら，2007）が示されている。

こうした調査結果を元に，学級での友人関係や主張性の変化を検討するに十分な期間と思われる6か月の間隔を採用した。

第2節　方法

1．調査対象

関東圏内の公立小学校に在籍する4－6年に調査を2回実施し，1回目（T1）および2回目（T2）の両方に参加し，かつ欠損値がなかった284名（男子合計134名：4年生51名，5年生42名，6年生41名，女子合計150名：4年生54名，5年生49名，6年生47名）を分析対象とした。

2．調査時期

約6か月の間隔で2回の調査が実施された。T1は2009年7月，T2は約6か月後の2010年1月であった。調査実施の月（7月，1月）は，①クラスの凝集性がある程度高まり，②調査可能な時期，を学校側と相談して決定した。

3．調査内容

T 1 と T 2 でそれぞれ以下の尺度（研究 3 と同様）を用い，回答を求めた。

①**他者配慮**　研究1-1で作成された他者配慮尺度を用いた。16項目 5 件法（「よく，あてはまる： 5 」―「まったく，あてはまらない： 1 」）である（研究1-2-研究 7　共通）。

②**自己表明**　児童用主張性尺度（ASC：濱口，1994a）を用いた。18項目 4 件法（「はい： 4 」―「いいえ： 1 」）である（研究 2 -研究 7　共通）。

③**内的適応**　子ども用自尊感情尺度（外山・伊藤，2001）を用いた。10項目 4 件法（「はい： 3 」―「いいえ： 0 」）である。

④**外的適応（自己評定）**　学級生活満足度尺度（小学生用）（河村・田上，1997）を用いた。「承認」，「被侵害」の下位 2 尺度（各 6 項目）からなる。12項目 4 件法（「よくある： 4 」―「全くない： 1 」）である。

4．調査手続き

調査は個別記入式の質問紙により，調査対象者の在籍する学級単位で授業時間内に集団で実施された。フェイスシートには学年，組，性別の記入を求めた。学級担任が質問紙を一斉に配布し，担任の指示の元で一斉に回答が求められた。

5．倫理的配慮

調査に際し，実施する学校に調査内容を説明し，学校長より実施の承諾を得た。また調査を実施する教師全員に「調査の手引き」が配布され，実施方法や倫理的配慮について児童に口頭で説明を行うよう求めた。

説明の内容は，①本調査は普段の気持ちや考えについて尋ねるものであること，②学校の成績とは無関係であること，③回答の正誤・良し悪しはないこと，④テストではないので思ったとおりに回答すること，⑤回答内容が教師，家族，友人に知られることがないこと，⑥調査への協力は自由意志であ

68   第2部　実証的検討

り，協力しないことによる不利益は一切ないこと，⑦調査開始後でも，回答
したくない項目に対する回答拒否や調査協力の中断が可能であること，であ
った。説明された内容は児童が確認できるようフェイスシートにも記載した。
　なお調査は，著者の所属機関に設置された研究倫理委員会の承認を得て実
施された。

第3節　結果

1．各変数の基礎統計ならびに尺度間相関

　Table 11にT1，T2における各尺度の平均値，標準偏差を示した。また
性別による平均値の差を検討するために，t検定を行った。その結果，T2
の自己表明およびT1，T2の自尊感情において，男子が女子より有意に得
点が高かった[10]。
　次に，尺度間相関を男女別に求めた（Table 12）。男女ともに同一変数の
T1とT2の値には，高い正の相関が示され，尺度の安定性が確認された。
また男女ともに自己表明と他者配慮は，同時点およびT1とT2間で相互
に有意な正の関連が見られた。自己表明，他者配慮と各尺度との関連を見る

Table 11　T1・T2の主張性と適応指標における性別の基礎統計量とt検定結果

尺度		男子 （N=134）		女子 （N=150）		t値（性別）
		M	SD	M	SD	
自己表明	T1	54.54	(6.76)	53.19	(6.37)	1.74
	T2	55.25	(6.90)	53.43	(6.29)	2.33*
他者配慮	T1	62.11	(11.56)	63.19	(9.97)	− .84
	T2	61.92	(11.42)	63.39	(10.07)	−1.16
自尊感情	T1	26.85	(6.00)	24.51	(5.57)	3.40**
	T2	26.28	(6.62)	24.71	(5.13)	2.26*
承認	T1	18.90	(3.52)	18.77	(3.31)	.34
	T2	19.32	(3.71)	19.18	(3.16)	.35
被侵害	T1	10.95	(4.65)	10.80	(4.06)	.29
	T2	9.81	(3.98)	10.16	(4.09)	− .72

T1：Time 1，T2：Time 2
*$p<.05$，**$p<.01$

第7章　主張性と内的・外的適応との因果関係【研究4】　69

Table 12　Ｔ１・Ｔ２の主張性と適応指標における性別の相関係数

尺度	相　関　係　数									
	1	2	3	4	5	6	7	8	9	10
1　自己表明Ｔ１		.51***	.48***	.54***	-.19*	.62***	.44***	.44***	.39***	-.23**
2　他者配慮Ｔ１	.45***		.42***	.55***	.06	.45**	.66**	.33**	.38**	-.15
3　自尊感情Ｔ１	.42***	.31***		.59***	-.17*	.46**	.34***	.70***	.53***	-.29**
4　承認Ｔ１	.38***	.43***	.50***		-.28**	.49***	.45***	.41***	.55***	-.35***
5　被侵害Ｔ１	-.22**	-.22**	-.23**	-.30***		-.21*	-.23**	-.23**	-.29***	.69***
6　自己表明Ｔ２	.68***	.39***	.34***	.36***	-.24**		.44***	.59***	.54***	-.35***
7　他者配慮Ｔ２	.41***	.63***	.36***	.41***	-.19*	.48***		.38***	.39***	-.21*
8　自尊感情Ｔ２	.39***	.27***	.67***	.40***	-.27**	.44***	.43***		.63***	-.47***
9　承認Ｔ２	.32***	.33***	.38***	.59***	-.37***	.36***	.44***	.46***		-.49***
10　被侵害Ｔ２	-.21**	-.21**	-.13	-.21**	.67***	-.27**	-.22**	-.20*	-.35***	

右上：男子，左下：女子
尺度 1-5：Time 1，6-10：Time 2
*$p < .05$，**$p < .01$，***$p < .001$

と，適応指標の自尊感情と承認とはおおむね中程度の正の相関，不適応指標
である被侵害とは負の相関関係が見られた。男女ともに自己表明と他者配慮
との関連ならびに両者と適応指標との関連は同様の傾向が見られたことから，
以降の分析は男女別に分けず全体の傾向を検討することとした。

２．因果関係の検証

　主張性と適応との因果関係を検討するために，構造方程式モデリング
（SEM）を用いて，２波のパネルデータを分析した。分析には，双方向の因
果関係の可能性を想定したモデルである交差遅れ効果モデルを使用した。

10）本研究では研究1-3と異なり，他者配慮得点に有意な性差が見られなかった。本研究の分析対
　象者はＴ１とＴ２の両方に欠損なく回答した者であった。しかし１時点のみ欠損なく答えた者
　（Ｔ１のみ：239名，Ｔ２のみ：238名）の平均値はＴ１・Ｔ２で女子の他者配慮得点が有意に高く，
　先行研究結果と一致していた（Ｔ１男子：61.68，女子：63.23，Ｔ２男子：61.32，女子：63.73）。
　本研究の平均値と比較すると，特に分析対象となった男子において他者配慮得点が高く，性差が
　見られなかった一因として推察された。

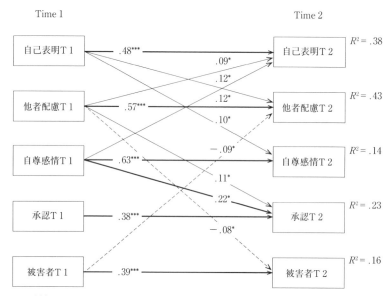

*p < .05, ***p < .001
注)有意なパスのみ表示し,誤差項は省略した。
　　実線は正のパス,破線は負のパスを示す。

Figure 2　T1・T2の主張性と適応指標の相互影響性を検討した交差遅れ効果モデル

　モデルの適合度は,$\chi^2(12) = 14.36$ (*n.s.*), GFI = .990, AGFI = .955, RMSEA = .026であった。最終的に得られたパス係数をFigure 2に示す。同一変数間では,いずれもT1からT2への有意な正のパスが見られた（すべて*p* < .001)。自己表明（T1）からは他者配慮（T2）へ,他者配慮（T1）からは自己表明（T2）へ,相互に有意な正のパスが見られた。また自己表明（T1）から自尊感情（T2）と,自尊感情（T1）から自己表明（T2）へ,相互に有意な正のパスが見られた。他者配慮と被侵害の間にも相互関係が見られ,他者配慮（T1）から被侵害（T2）への有意なパスと,被侵害（T1）から他者配慮（T2）への有意な負のパスが見られた。承認（T2）に対しては,他者配慮（T1）と自尊感情（T1）からの有意な正のパスが見られた。

3. 主張性のタイプおよび適応との関連の検討

2時点の自己表明,他者配慮の得点を元に主張性のタイプを分類することとした。

まずT1およびT2の自己表明と他者配慮の標準得点を求め,これらにクラスター分析(平均ユークリッド距離を用いたWard法)を実施し,解釈可能性の観点から4クラスター解が採用された(Figure 3)。

第1クラスターは,自己表明と他者配慮が+0.5SDを超えており,「表明高・配慮高型」と解釈された(男子48名,女子33名,合計81名)。第2クラスターは自己表明が0に近く他者配慮が+0.5SD付近の群であり,「配慮高型」と解釈された(男子36名,女子59名,合計95名)。第3クラスターは自己表明が−0.5SD以上で,他者配慮が−0.5SD以下の群で,「配慮低型」と解釈された(男子29名,女子36名,合計65名)。第4クラスターは,自己表明と他者配慮が−1.0SDを下回り,「表明低・配慮低」型と解釈された(男子21名,女子22名,合計43名)。

次に,各クラスターと時期による適応状況の特徴を検討するために,クラ

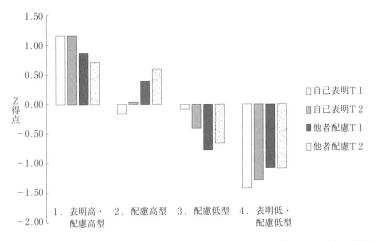

Figure 3　T1・T2の自己表明・他者配慮得点を用いた主張性タイプの分類結果

72　第 2 部　実証的検討

Table 13　クラスター×時期ごとの適応指標の基礎統計量および分散分析結果

		1．表明高・配慮高型 (*n*=81)	2．配慮高型 (*n*=95)	3．配慮低型 (*n*=65)	4．表明低・配慮低型 (*n*=43)	F 値（多重比較） 時期	群	交互作用
自尊感情	T 1	28.78 (6.09)	25.85 (5.54)	24.05 (4.67)	21.51 (4.50)	0.42	24.26***	0.04
	T 2	28.56 (5.88)	25.78 (5.16)	23.94 (5.66)	21.16 (4.56)		(4<3≒2<1)	
承認	T 1	20.68 (2.66)	19.38 (2.89)	17.72 (3.36)	15.81 (3.20)	4.31*	38.09***	0.40
	T 2	20.84 (3.03)	20.02 (2.57)	18.00 (3.16)	16.42 (3.84)	(1<2)	(4<3<2<1)	
被侵害	T 1	9.73 (3.94)	10.68 (4.43)	11.28 (4.39)	12.81 (4.18)	16.35***	7.88***	0.54
	T 2	8.53 (2.91)	9.84 (3.90)	10.80 (4.73)	11.88 (4.08)	(2<1)	(1<4≒3, 2<4)	

*p＜.05．***p＜.001

スターを被験者間要因，時期（T 1，T 2）を被験者内要因，各適応指標を従属変数とした 2 要因分散分析（混合計画）を実施した（Table 13）。

　分析の結果，すべての適応指標においてクラスターの主効果が有意であった。多重比較（Tukey 法）の結果，自尊感情では，「表明低・配慮低型」＜「配慮低型」≒「配慮高型」＜「表明高・配慮高型」の順で有意に得点が高かった。承認では，「表明低・配慮低型」＜「配慮低型」＜「配慮高型」＜「表明高・配慮高型」の順で有意に得点が高かった。被侵害では，「表明高・配慮高型」＜「表明低・配慮低型」≒「配慮低型」と「配慮高型」＜「表明低・配慮低型」でそれぞれ有意に得点が高かった。

　また承認および被侵害において時期の主効果が有意であった。多重比較（Tukey 法）の結果，承認は T 2 で有意に得点が高く，被侵害は T 2 で有意に得点が低かった。

第 4 節　考察

　本研究では主張性が適応に対してどのような影響を及ぼすかを把握するために，a）主張性と適応との因果関係について短期縦断的に検討し，b）自己表明・他者配慮から主張性のタイプを分類し，2 時点の適応状況との関連について明らかにすることを目的とした。

　まず a）主張性と適応との因果関係について述べる。相関分析の結果，他

者配慮，自己表明は相互に正の関連が見られ，それぞれ自尊感情と承認との正の相関，被侵害と負の相関関係が見られた。この結果は研究3と一致するものであり，一貫した傾向であると考えられる。因果関係については，自己表明と他者配慮は相互に有意な正のパスが見られ，主張性の2側面は互いに促進的影響を与えていることが示された。

　また自己表明は自尊感情との間に，双方向の正の因果関係が認められた。主張性と自尊感情との正の関連は先行研究で一貫して報告されている（e.g., Deluty, 1981）が，今回新たに，両者が互いに促進的影響を及ぼしあっていることが確認された。

　他者配慮は，承認への正の影響および被侵害との間に負の相互関係が見られた。研究3では他者配慮の高い「配慮優位」，「両高」群において仲間からの承認感が高かった。本研究の結果より承認感の上昇には，他者配慮が直接の正の影響を及ぼしていることが新たに示された。

　また仲間からの被侵害を感じると，他者配慮が阻害されることが示された。他者配慮は，愛他的（利他的）動機に基づくものと定義とされ，愛他性や共感性と正の関連が確認されている（研究2）。他者への配慮が低いことにより仲間からの被侵害が増え，結果として相手の立場を考えて配慮をしようという利他的動機づけが低下することも推察された。他者の立場や感情に配慮した主張的行動は，仲間との関係性に正の影響を与え，承認感の高さや被侵害感の低さといった外的適応に肯定的効果をもたらすものと考えられる。

　適応との因果関係の結果をまとめると，自己表明は自己に関する内的適応感と，他者配慮は周囲との関係に影響される外的適応感と，それぞれ影響を及ぼしあっていることが確認された。つまり主張性は児童の適応に寄与するだけでなく，適応からの影響も受けていること，主張性の2側面で適応との影響関係が異なることが示された。

　次にb）の主張性のタイプと適応状況との関連について述べる。主張性のタイプは，T1とT2の自己表明と他者配慮の程度により4つに分類された。

74　第2部　実証的検討

　主張性のタイプとT1，T2の適応指標について分散分析を行った結果，交互作用は確認されず，半年間という期間の中では，特定の主張性タイプにおける適応状況の有意な変動は確認されなかった。

　各タイプによる適応状況の差を検討した結果，自尊感情は「表明高・配慮高型」で最も高く，両側面が高い群で自尊感情が高いという研究3の横断的検討の結果と一致していた。また「表明高・配慮高型」＞「配慮高型」≒「配慮低型」＞「表明低・配慮低型」の順で高く，これは各クラスターの自己表明の高さに準じた傾向と考えることができる。先の因果関係の検討において，自己表明と自尊感情の間で正の相互関係が確認されたことにも一致する結果となった。自尊感情は時期の効果は見られておらず，半年という期間では一定程度に保たれていたことが示された。

　承認は「表明高・配慮高型」＞「配慮高型」＞「配慮低型」＞「表明低・配慮低型」の順で高く，これは各クラスターの自己表明と他者配慮の総量と同様の傾向といえる。承認は，他者配慮の高い群で有意に高いことが確認されており（研究3），本研究での因果関係の検討結果からも，他者配慮からの正の影響が確認されている。ただし個人の主張性という点からみると，他者配慮の高さに加え，自己表明も含めた主張性の高さが，承認感の高さに関連していることが示唆された。

　被侵害については，「表明高・配慮高型」＜「表明低・配慮低型」≒「配慮低型」と「配慮高型」＜「表明低・配慮低型」で有意差が見られた。全体として他者配慮の高いタイプで被侵害感が低く，本研究において他者配慮と被侵害との間に負の相互関係が見られたこととも一致する結果となった。また両側面の高い群で，被侵害が低いという結果も，1時点での検討（研究3）と一致していた。

　これまでの横断的研究では，自己表明と他者配慮が高い群は内的・外的適応状態が高いことが研究3で確認されているが，今回の短期縦断的検討の結果は，そうした知見と一致するものとなった。

第 7 章　主張性と内的・外的適応との因果関係【研究 4】　75

　時期による各適応指標の変化については，すべてのタイプにおいて承認の増加と被侵害の減少がみられた。外的適応指標である承認と被侵害で変化が見られたことから，他者や環境に関連する要素は，自尊感情のような内的側面に比べて比較的変動しやすいことが示唆された。

　本研究では，7 月と 1 月の 2 回にわたり調査を実施した。学期の経過とともに所属学級での適応感が高まることは縦断的研究でも明らかになっている（五十嵐・萩原，2009；亀村・小林，2012；岡田，2012）。本研究での承認および被侵害得点の変化は平均して 1 － 2 点で大きなものとは言えないが，調査期間の約 6 ヶ月内で学級の凝集性が高まり，承認感の上昇や被侵害感の低下につながったことが推察される。これらの結果から，「主張性のタイプと時期の組合せによって適応状況が変化する」という予測とは一致しなかった。ただし適応状況が変化しないということは，主張性のタイプが 6 か月後の適応に寄与しないというわけではなく，適応状況の安定・維持に貢献していると捉えることが出来よう。

　以上より本研究では，短期縦断的データを用いたことにより，小学校高学年児童にとって主張性と内的・外的適応とが相互に影響を及ぼすといった双方向の因果関係を確認することができた。特に，自己表明と他者配慮のそれぞれが適応へ独自の影響を及ぼすことが新たに明らかとなり，主張性と適応状況との因果関係を詳細に示した点で意義があると言えよう。

　またこれまでの研究では，主張性が適応へ与える効果は一定でなく，例えば「自己表明を高めることが外的適応へ有意な影響をもたらさない（石川ら，2007；松澤ら，2009）」といった報告もなされていた。こうした結果の背景には，自己表明と他者配慮で適応に与える影響が異なることも一因に考えられる。よってターゲットとする適応の種類（外的・内的）に応じて主張性トレーニングの内容や測定指標を変えることで，より効果的な介入が期待できるだろう。

　なお適応状況から主張性への影響も確認されたことから，個人の適応状況

や学級風土を改善するような取り組みも，主張性を育む土壌として重要であると言えよう。

　また自己表明と他者配慮から主張性のタイプを分類した際，主張性の高い状態が維持されている児童は，内外の適応状態も高く，主張性のタイプごとに半年間の適応状態はほぼ一定に保たれていることが明らかとなった。よって主張性の高さと適応状況とは，一時的な関連にとどまらないことが確認された。

第8章 主張性が心理的ストレス過程へ及ぼす影響
【研究5】

第1節 目的

　本研究では，児童の主張性が心理的ストレス過程へおよぼす影響について検討することを目的とする。第2章で述べたように，これまでの研究から主張性は心理的ストレス過程のストレッサー，コーピング，ストレス反応との間でそれぞれ関連が確認されている。しかし主張性が心理的ストレス過程全体の中でどのように作用し，ストレス反応の軽減につながっているかを包括的に検討した報告はなされていない。また自己表明と他者配慮では，それぞれ心理的ストレス過程との関連が異なる可能性も想定されるため，主張性の2側面から検討を行う。

　なお本研究で扱うストレッサーは，友人関係に限定する。これは主張性が対人コミュニケーションの能力であり，対人関係上のストレスとの関連が強いと考えられること，児童生徒の場合，ストレッサーとして友人関係の影響が大きいことが指摘されているため（長根，1991；扇子・須貝・吉田・伊藤，2001）である。

第2節 方法

1．調査対象者

　関東地方の公立小学校に在籍する4－6年生に調査を実施した。分析は，記入漏れ，記入ミスの見られなかった306名（4年生男子23名，女子27名，5年生男子48名，女子48名，6年生男子75名，女子85名）を対象とした。

78　第2部　実証的検討

2．調査時期

2010年10月−11月に実施された。

3．調査内容

①**他者配慮**　研究1-1で作成された他者配慮尺度を用いた。16項目5件法（「よく，あてはまる：5」−「まったく，あてはまらない：1」）である（研究1-2-研究7　共通）。

②**自己表明**　児童用主張性尺度（ASC：濱口，1994a）を用いた。18項目4件法（「はい：4」−「いいえ：1」）である（研究2-研究7　共通）。

③**ストレッサー**　長根（1991）の心理的ストレス尺度のうち，下位尺度である「友達との関係」を用いた。「友達が目の前で内緒話を始めた時」などの6項目からなり，それぞれの経験頻度を4件法（「全然なかった：0」−「よくあった：3」），嫌悪度を4件法（「全然嫌じゃなかった：1」−「ものすごく嫌だった：4」）で求めた。ストレッサー得点は「経験頻度」×「嫌悪度」の積から求め，得点が高いほど知覚されたストレッサー量が多いことを示す。なお質問項目に対する回答は，最近1，2か月の出来事に限定した。

④**コーピング**　小学生用ストレスコーピング尺度（大竹・島井・嶋田，1998）の短縮版を用いた。「認知的回避」，「行動的回避」，「気分転換」，「問題解決」，「サポート希求」，「情動的回避」の下位6尺度計12項目からなる。③の友人関係ストレッサー状況におかれた時の，考え方や行動について，4件法（「全然そうしない：1」−「たくさんそうする：4」）で回答を求めた。

⑤**ストレス反応**　小学生用ストレス反応尺度（嶋田・戸ヶ崎・坂野，1994）の短縮版を用いた。「身体的反応」，「抑うつ・不安感情」，「不機嫌・怒り感情」，「無気力」の下位4尺度20項目からなる原尺度について因子分析を行い，因子負荷量の高い方から各3項目計12項目を抽出したものである。最近の自分の最近の気持ちや体の状態について，4件法（「全然当てはまらない：1」−「よく当てはまる：4」）で回答を求めた。

調査票はA，Bの2種類が作成された。調査票Aは①，②，Bは③，④，⑤の尺度からなる。調査票Aの約2週間後に調査票Bを実施するよう依頼を行った。

なお，両調査票で回答児の一致を図るため，フェイスシートには学年，組，性別，出席番号の記入を求めた。

4．調査手続き

調査は個別記入式の質問紙により，調査対象者の在籍する学級単位で授業時間内に集団で実施された。フェイスシートには学年，組，性別の記入を求めた。学級担任が質問紙を一斉に配布し，担任の指示の元で一斉に回答が求められた。

5．倫理的配慮

調査に際し，実施する学校に調査内容を説明し，学校長より実施の承諾を得た。また調査を実施する教師全員に「調査の手引き」が配布され，実施方法や倫理的配慮について児童に口頭で説明を行うよう求めた。

説明の内容は，①本調査は普段の気持ちや考えについて尋ねるものであること，②学校の成績とは無関係であること，③回答の正誤・良し悪しはないこと，④テストではないので思ったとおりに回答すること，⑤回答内容が教師，家族，友人に知られることがないこと，⑥調査への協力は自由意志であり，協力しないことによる不利益は一切ないこと，⑦調査開始後でも，回答したくない項目に対する回答拒否や調査協力の中断が可能であること，であった。説明された内容は児童が確認できるようフェイスシートにも記載した。

なお調査は，著者の所属機関に設置された研究倫理委員会の承認を得て実施された。

80   第2部　実証的検討

第3節　結果

1．各変数の基礎統計と性差

　各尺度の男女の平均値，標準偏差を Table 14に示す。

　t 検定の結果，女子は男子に比べて他者配慮，問題解決，サポート希求，情動的回避が有意に高かった（順に t (304) = 4.43，p < .001；t (304) = 2.43，p < .05；t (304) = 2.35，p < .05；t (304) = 2.41，p < .05）。男子は女子に比べて気分転換が有意に高かった（t (304) = 5.37，p < .001）。

2．各変数間の相関係数

　次に主張性とストレス過程との関連について，単相関係数の結果を Table 15に示す。

　男女の自己表明と男子の他者配慮において，ストレス反応との間に有意な負の関連が見られた。また女子では他者配慮と友人関係ストレッサーの経験頻度との間と，自己表明と友人関係ストレッサーの嫌悪度との間にそれぞれ

Table 14　性別にみた各尺度得点の記述統計量

下位尺度	男子 (N=146)		女子 (N=160)		t 値（性別）
	M	(SD)	M	(SD)	
1　自己表明	57.05	(7.54)	56.40	(7.72)	.74
2　他者配慮	59.74	(10.47)	64.78	(9.42)	4.43***
3　ストレッサー	15.54	(15.22)	14.16	(14.01)	.83
4　経験頻度	5.23	(4.15)	4.74	(4.04)	1.04
5　嫌悪度	11.83	(5.67)	11.25	(5.60)	.90
6　認知的回避	4.62	(1.54)	4.61	(1.45)	.06
7　行動的回避	3.30	(1.28)	3.15	(1.30)	1.02
8　気分転換	5.90	(1.90)	4.81	(1.66)	5.37***
9　問題解決	4.73	(1.74)	5.19	(1.57)	2.43*
10　サポート希求	4.61	(1.61)	5.06	(1.75)	2.35*
11　情動的回避	3.18	(1.53)	3.63	(1.72)	2.41*
12　ストレス反応	19.85	(7.72)	20.51	(7.69)	.75

*p < .05，***p < .001

Table 15 性別にみた各変数間の相関係数

相 関 係 数

下位尺度	1	2	3	4	5	6	7	8	9	10	11	12
1 自己表明		.38***	.07	.03	.04	-.11	-.02	-.07	.00	.13	-.13	-.30***
2 他者配慮	.24**		-.10	-.16	-.03	.00	-.08	.01	.33***	.27**	-.14	-.21**
3 ストレッサー	-.14	-.07		.96***	.80***	.07	.38***	.14	.07	.06	.27**	.29***
4 経験頻度	-.11	-.18*	.94***		.74***	.13	.39***	.18*	.07	.04	.27**	.33***
5 嫌悪度	-.17*	-.08	.78***	.70***		.07	.31***	.13	.17*	.10	.21*	.23**
6 認知的回避	-.19*	.09	.08	.08	.08		.01	.08	.00	-.03	.12	.12
7 行動的回避	-.03	-.19*	.22**	.26**	.17*	.16*		.12	.22**	.26**	.24**	.20*
8 気分転換	-.02	-.04	-.07	-.09	-.06	.10	.15		.13	.21*	.16	.14
9 問題解決	.11	.43***	.15	.08	.05	.18*	-.09	.04		.47***	.07	.03
10 サポート希求	.14	.16*	-.05	-.07	-.04	-.08	.16*	.25**	.26**		-.02	.01
11 情動的回避	-.15	.05	.36***	.32***	.25**	.19*	.14	-.11	.21*	-.07		.29***
12 ストレス反応	-.45***	-.12	.39***	.34***	.26**	.18*	.30***	-.05	.03	-.09	.37***	

右上：男子，左下：女子
*$p<.05.$ **$p<.01.$ ***$p<.001$

82 第2部 実証的検討

弱い有意な負の関連が見られた。また男女ともに他者配慮は，問題解決とサポート希求との間にそれぞれ正の関連が見られ，女子のみ自己表明と認知的回避の間と，他者配慮と行動的回避の間に弱い負の関連が見られた。ストレス反応は男女ともに，友人関係ストレッサー，行動的回避，情動的回避との間に相互に正の相関が見られ，女子ではさらにストレス反応と認知的回避との間に弱い正の関連が見られた。

3．自己表明，他者配慮の組合せによるストレス指標との関連の検討

（1）群の設定

　自己表明，他者配慮の各尺度得点について，男女別の平均値（Table 14）を基準に高低に分けた（他者配慮：男子 $M=59.74$，女子 $M=64.78$，自己表明：男子 $M=57.05$，女子 $M=56.40$）。その後，高低の組合せから，「両高」群，「配慮優位」群，「表明優位」群，「両低」群の4群を設定し，対象者をいずれかに分けた。

　群分けの妥当性を検討するために，群を独立変数，自己表明，他者配慮を従属変数とした分散分析を行った。その結果，男女ともに自己表明（男子：F $(3, 142)=110.07$，$p<.001$，女子：$F(3, 156)=101.80$，$p<.001$）と他者配慮（男子：$F(3, 142)=101.56$，$p<.001$，女子：$F(3, 156)=117.38$，$p<.001$）で主効果が有意であった。男女ともに，自己表明の高群は低群に比べて有意に得点が高く（「両高」群≒「表明優位」群＞「配慮優位」群≒「両低」群），他者配慮の高群は低群に比べて有意に得点が高かった（「両高」群≒「配慮優位」群＞「表明優位」群≒「両低」群）。このことから男女ともに群分けの妥当性が確認された。

（2）男女別の群差の検討

　男女別に群を独立変数，各指標を従属変数とする1要因分散分析を実施した。以下，男女ごとの結果を示す。

第 8 章　主張性が心理的ストレス過程へ及ぼす影響【研究 5】　83

ⅰ）男子の結果（Table 16）

分析の結果，問題解決とストレス反応で主効果が有意であった（順に $F(3, 142) = 5.31$，$p < .01$；$F(3, 142) = 4.70$，$p < .01$）。多重比較の結果，問題解決は「両高」群が「表明優位」群に比べて有意に高く，ストレス反応は「両低」群が「両高」群に比べて有意に高かった。

ⅱ）女子の結果（Table 17）

分析の結果，問題解決，サポート希求，情動的回避，ストレス反応で主効

Table 16　群別にみた各尺度得点の基礎統計量ならびに 1 要因分散分析の結果（男子）

	1．両低		2．表明優位		3．配慮優位		4．両高		F 値	多重比較
	($N=44$)		($N=32$)		($N=21$)		($N=49$)			
ストレッサー	14.43	(2.29)	20.00	(2.68)	12.29	(3.31)	15.02	(2.17)	1.34n.s.	
経験頻度	5.09	(0.62)	6.63	(0.73)	4.10	(0.90)	4.94	(0.59)	1.86n.s.	
嫌悪度	11.36	(0.86)	12.88	(1.01)	10.76	(1.24)	12.02	(0.81)	0.72n.s.	
認知的回避	4.73	(0.23)	4.31	(0.27)	4.71	(0.34)	4.67	(0.22)	0.54n.s.	
行動的回避	3.39	(0.19)	3.66	(0.23)	3.14	(0.28)	3.06	(0.18)	1.58n.s.	
気分転換	6.00	(0.29)	6.00	(0.34)	5.81	(0.42)	5.80	(0.27)	0.13n.s.	
問題解決	4.50	(0.25)	3.94	(0.30)	4.91	(0.36)	5.39	(0.24)	5.31**	2<4**
サポート希求	4.25	(0.24)	4.28	(0.28)	4.81	(0.35)	5.06	(0.23)	2.65n.s.	
情動的回避	3.59	(0.23)	2.94	(0.27)	2.81	(0.33)	3.12	(0.22)	1.80n.s.	
ストレス反応	23.21	(1.12)	19.38	(1.32)	18.91	(1.62)	17.55	(1.06)	4.70**	4<1**

**$p < .01$

Table 17　群別にみた各尺度得点の基礎統計量ならびに 1 要因分散分析の結果（女子）

	1．両低		2．表明優位		3．配慮優位		4．両高		F 値	多重比較
	($N=49$)		($N=30$)		($N=37$)		($N=44$)			
ストレッサー	16.53	(2.00)	11.33	(2.56)	13.19	(2.31)	14.25	(2.11)	0.93n.s.	
経験頻産	5.35	(0.58)	4.83	(0.74)	4.24	(0.67)	4.43	(0.61)	0.64n.s.	
嫌悪度	12.57	(0.79)	9.73	(1.02)	11.05	(0.91)	10.98	(0.84)	1.71n.s.	
認知的回避	4.53	(0.21)	4.30	(0.26)	5.00	(0.24)	4.57	(0.22)	1.43n.s.	
行動的回避	3.39	(0.19)	3.23	(0.24)	2.81	(0.21)	3.11	(0.20)	1.44n.s.	
気分転換	4.78	(0.24)	4.70	(0.31)	4.92	(0.28)	4.82	(0.25)	0.10n.s.	
問題解決	4.57	(0.21)	4.73	(0.27)	5.38	(0.24)	6.05	(0.22)	9.10***	1<4***，2<4**
サポート希求	4.69	(0.24)	4.63	(0.31)	5.08	(0.28)	5.75	(0.26)	3.79*	1<4*，2<4***
情動的回避	3.80	(0.24)	3.27	(0.31)	4.19	(0.28)	3.21	(0.25)	2.92*	4<3†
ストレス反応	24.20	(1.04)	17.67	(1.33)	20.84	(1.19)	18.07	(1.09)	7.45**	2<1**，4<1***

†$p < .10$，*$p < .05$，**$p < .01$，***$p < .001$

84 第2部 実証的検討

果が有意であった（順に $F(3, 156) = 9.10$, $p < .001$；$F(3, 156) = 3.79$, $p < .05$；$F(3, 156) = 2.92$, $p < .05$；$F(3, 156) = 7.45$, $p < .01$）。多重比較の結果，問題解決およびサポート希求は，「両高」群が「表明優位」，「両低」群に比べて有意に高く，情動回避は「配慮優位」群が「両高」群に比べて高い傾向があった。ストレス反応は，「両低」群が「両高」，「表明優位」群に比べて有意に高かった。

3．自己表明・他者配慮が心理的ストレス過程に及ぼす影響の検討

　次に，自己表明・他者配慮がどのように心理的ストレス過程に影響を及ぼすかを検討するためにモデルを作成した。

　変数を4水準に分け，第1水準は自己表明と他者配慮，第2水準を友人関係ストレッサー，第3水準をコーピング，第4水準をストレス反応とした。分析に際して第1水準から第2－4水準へ，第2水準から第3－4水準へ，第3水準から第4水準への直接的なパスも想定した。

　分析は，性別ごとの差を検討するために，以下の3モデルに対する多母集団の同時分析を行った。モデル0は制約なしのモデル，モデル1はパス係数が等値と仮定したモデル，モデル2はパス係数および相関係数が等値と仮定したモデルであった。分析は性別ごとの差を検討するために，以下の3モデルに対する多母集団の同時分析を行った。各モデルの適合度指標を Table 18 に示す。

　全体的に適合の良さが示された。各モデルを比較した結果，AIC はモデル1とモデル2で同程度の値であったが CFI と RMSEA が他のモデルより

Table 18　仮定したモデルの適合度指標

モデル	GFI	AGFI	CFI	RMSEA	AIC
モデル 0	.985	.946	.988	.026	74.509
モデル 1	.978	.954	.991	.018	65.869
モデル 2	.977	.953	.987	.021	65.733

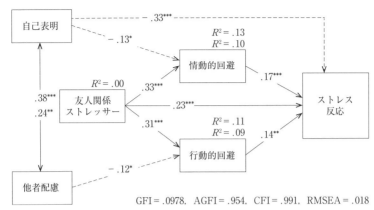

Figure 4　主張性が心理的ストレス過程に及ぼす影響

$*p<.05, **p<.01, ***p<.001$
注) 誤差変数および観測変数は省略した。
　　実線は正のパス，破線は負のパスを示す。
　　上段は男子，下段は女子の結果である。

当てはまりがよくGFIとAGFIの差が最も小さかったことから，モデル1を採択した。よって男女でパス係数は等値であると判断された。

　分析の結果，コーピングの認知的回避，気分転換，問題解決，サポート希求はストレス反応に有意な影響を及ぼさず，モデルに含めることで適合度が低下するため削除した。最終的に採択したモデルをFigure 4に示す。

　結果より，以下の影響過程が示唆された。自己表明はストレス反応に対して直接の抑制的影響が見られた。さらに自己表明から情動的回避への抑制的影響を介して，ストレス反応を間接的に抑制することが示された。他者配慮は行動的回避への抑制的影響を介してストレス反応を間接的に抑制することが示された。

第4節　考察

　本研究では，主張性の2側面である自己表明，他者配慮と心理ストレス過程との関連を詳細に明らかにするために検討を行った。以下，分析の結果に

86　第2部　実証的検討

ついて述べる。

　まず友人関係ストレッサーについて，女子の他者配慮は経験度との間に弱い負の相関が見られた。研究3において，女子では他者配慮の高い「両高」，「配慮優位」群は「両低」群に比べて級友からの承認が高く，「配慮優位」群は「両低」群に比べて友人評定による人気度が高かった。このことから，女子では他者配慮が高い場合は友人適応が高く，友人関係での葛藤経験の低さにつながりやすいことが示唆された。

　コーピングでは分散分析の結果，問題解決およびサポート希求において，「両高」群が他者配慮の低い「両低」，「表明優位」群に比べて有意に高かった。これらのコーピングは問題解決に取り組み，周囲に相談して助けを求めるなどの積極的な対処行動である。自己表明と他者配慮がともに高い児童は，他者配慮の低い児童に比べて，対人関係上の葛藤解消に向けて積極的に行動すること，他者を有効なサポート源と捉えた対処行動をとることが窺われた。

　なおストレス因に対して積極的な問題解決を行うことは，精神的健康維持に有効（Lazarus & Folkman, 1984；嶋田, 1998）との報告もあるが，パス解析の結果からは，問題解決とサポート希求からストレス反応の低減効果は確認されなかった。中学生を対象とした三浦・上里（2002）の研究では，友人関係ストレス場面においては，ストレス反応の表出に直接結びつくのは逃避・回避的対処のみで，積極的対処とサポート希求からの有意なパスが得られなかったことを報告している。その一因として，積極的対処はストレッサーと向かい合うことになるため一時的にはストレス反応を高める可能性があり，時間的な要因も考慮する必要があるとの指摘もなされている（三浦・坂野, 1996）。ストレス場面で有効とされている積極的なコーピングが友人関係ストレス場面においても有効であるかについては，縦断的に検討していく必要があるだろう。

　またパス解析の結果より，情緒的回避は自己表明から，行動的回避は他者配慮から，それぞれ抑制的影響を受けることが示された。この2つの回避的

コーピングからは，ストレス反応への促進的影響が見られた。

　先行研究（太田ら，1999）では，主張性が適切なコーピングの実行につながるとされていたが，本研究において自己表明と他者配慮は，回避的コーピングを抑制することでストレス反応を間接的に低減させることが示された。情動的回避は「一人で悩む」，行動的回避は「大声で叫ぶ」といった内容であり，ストレッサーに対して回避的で消極的な対処方略である。こうした回避的コーピングによりストレス反応が高まるという結果は，先行研究の知見（Lazarus & Folkman, 1984；嶋田，1998；三浦・上里，2002）を支持するものと言えよう。

　また分散分析の結果，傾向性レベルではあるが情動的回避は女子において「配慮優位」群が「両高」群に比べて有意に高かった。本研究において，他者配慮は他者へのサポート希求や対人関係ストレスへの積極的なコーピングの高さと関連することが示された。しかし一方で他者配慮が高くとも自己表明が低い場合には，回避的なコーピングが増加する傾向が示されたこととなる。

　この理由として以下が考えられる。まずサポート希求は「個人的限界の表明」，「他者に対する援助の要請」といった自己表明の下位因子（濱口，1994a）と関連があると考えられる。また先行研究では他者配慮が高すぎる場合，対人関係での劣等感や葛藤意識を経験しやすいことも報告されている（渡部，2008a）。

　さらに女子は男子に比べて「仲間との協調」を重視し（Maccoby, 1990）親和欲求が強い（榎本，2000）ため，友人関係上の葛藤に対して男子よりも思い悩みやすい可能性が考えられる。よって「配慮優位」群の女子では，自己表明行動は少ないが他者への関心や葛藤意識は高いことから，一人で情動を鎮めるような消極的なコーピングにつながりやすい可能性が示唆された。

　以上コーピングについてまとめると，自己表明と他者配慮はストレス反応を促進するコーピングに対して抑制的な効果を持つこと，また自己表明と他

者配慮の組合せも考慮することで，男女で他者配慮とコーピングとの関連が異なることが示唆された。

　ストレス反応に対しては，パス解析の結果から自己表明から直接の負のパスが見られ，自己表明がストレス反応に対し直接の軽減効果を持つことが確認された。

　自己表明には葛藤場面での「要求拒絶」や「権利防衛」などの要素が含まれている。こうした主張は，自分の意見や考え，権利等を守ることにつながる。そのため事態の改善や不快感情の解消に繋がりやすいことが考えられる。意見を表明することは，相手との意見の不一致や対立を生む可能性も内包しているが，結果的には後のストレス反応を抑制することが考えられる。

　また分散分析の結果からは，男子では「両高」群が「両低」群に比べて，女子では「両高」，「表明優位」群が「両低」群に比べて，それぞれストレス反応が低かった。男女ともに自己表明と他者配慮の両方が高い群は，両方が低い群よりもストレス反応が低く，ストレス反応に対して主張性が低減効果を持つとした先行研究の結果と一致するものであった（関口ら，2011；寺田・新井，2007）。

　以上の結果をまとめると，次のとおりである。①主張性は心理的ストレスモデルのコーピングとストレス反応に直接・間接的に影響し，ストレス反応の低減に寄与する，②主張性の2側面は，それぞれストレスモデルへの影響が異なる。自己表明はストレス反応を直接低減させ，自己表明と他者配慮は回避的コーピングを減らすことで間接的にストレス反応を低減させる，③主張性2側面が高い群が低い群に比べてストレス反応が低く，2側面の両立がストレス反応の抑制に有効であろう，④女子では他者配慮がストレス経験と負の関連がある一方で，他者配慮のみが高い群でストレス反応を促進する回避的コーピングが高い傾向がみられ，他者配慮に両価的な影響がある可能性が示唆された。

第9章　主張性と主張行動内容との関連
【研究6】

第1節　目的

　研究6と研究7では，主張性と主張行動との関連を行動面，認知面から明らかにすることを目指した。

　まず研究6で主張性と主張行動との関連を検討した上で，研究7で主張行動に影響を及ぼす認知処理過程の影響を検討する。

　具体的に研究6では，自己表明，他者配慮と具体的な主張行動の内容との関連について検討する。主張性は主張行動やその内容に影響を与えると考えられるが，主張性によって主張行動内容にどのような差異が見られるか，実証的研究はほとんど行われていない。よってこれを検討する。また男女で用いられやすい主張行動や主張内容が異なることが指摘されているため（濱口・江口，2009；古市，1995），性別における差異も考慮した検討を行う。

第2節　方法

1．調査対象者
　関東圏内の公立小学校4－6年生348人（4年生：男子79名・女子77名，5年生：男子53名・女子52名，6年生：男子50名・女子37名）を調査対象とした。

2．調査時期
　2010年3月に実施された。

90　第2部　実証的検討

3．調査内容

①**他者配慮**　研究1-1で作成された他者配慮尺度を用いた。16項目5件法（「よく，あてはまる：5」―「まったく，あてはまらない：1」）である（研究1-2-研究7　共通）。

②**自己表明**　児童用主張性尺度（ASC：濱口，1994a）を用いた。18項目4件法（「はい：4」―「いいえ：1」）である（研究2-研究7　共通）。

③**主張場面での応答行動**　主張場面は，濱口（1994b）で分類された主張場面のうち，以下の場面を採用した。場面A：肯定的感情の表明（教科書を忘れたが，となりの席の友だちが見せてくれた場面），場面B：要求の拒絶（友達に遊びに誘われたが，今日は遊びたくないと思っている場面），なお場面Aは友好的場面，場面Bは対人葛藤場面にあたる。

このとき，普段の自分ならどのようなセリフを言うか，自由記述で回答させた。また何も言わない場合も，「何も言わない」と記入するよう求めた。さらに，その際の表情も4種類（笑顔・怒り・困惑・普通）から選択を求めた。

4．調査手続き

調査は個別記入式の質問紙により，調査対象者の在籍する学級単位で授業時間内に集団で実施された。フェイスシートには学年，組，性別の記入を求めた。学級担任が質問紙を一斉に配布し，担任の指示の元で一斉に回答が求められた。

5．倫理的配慮

調査に際し，実施する学校に調査内容を説明し，学校長より実施の承諾を得た。また調査を実施する教師全員に「調査の手引き」が配布され，実施方法や倫理的配慮について児童に口頭で説明を行うよう求めた。

説明の内容は，①本調査は普段の気持ちや考えについて尋ねるものであること，②学校の成績とは無関係であること，③回答の正誤・良し悪しはない

こと，④テストではないので思ったとおりに回答すること，⑤回答内容が教師，家族，友人に知られることがないこと，⑥調査への協力は自由意志であり，協力しないことによる不利益は一切ないこと，⑦調査開始後でも，回答したくない項目に対する回答拒否や調査協力の中断が可能であること，であった。説明された内容は児童が確認できるようフェイスシートにも記載した。

なお調査は，著者の所属機関に設置された研究倫理委員会の承認を得て実施された。

第3節　結果

1．主張行動の分類

各場面で得られた記述は，先行研究（濱口，1994b；尾崎，2006）を参考に分類された。さらに表情との組合せにより，それぞれの場面に特徴的な主張行動が設定された。なお未記入や分類不能な記述は分類から外した。これにより，各個人の反応はいずれか1つの応答行動に分類された。

分類の信頼性を得るため，各学年1クラス分のデータを抜き出し（96名分），心理学を専攻する大学院生1名に分類を求めた。分類方法は，まず記述を内容カテゴリーに分類させた後，組合せにより主張行動カテゴリーに分類させた。筆者の分類との一致率は85％であり，判断の分かれた反応については，協議の上分類された。

分類された主張行動と内容，産出数と割合を場面ごとに示す。

（1）場面A：肯定的感情の表明

「感謝」，「向社会的」，「非主張」の3種類であった（Table 19）。なお「非主張」は産出数が5％以下と少数であったため，以降の分析は残りの2種類を使用して行われた。

92   第2部　実証的検討

Table 19　場面Ａの主張行動内容と，産出数，割合

行動	内容	数	割合
感謝	感謝の気持ちを伝える行動 （表情：怒った顔以外） セリフ：「ありがとう」「わるいね」「助かったよ」	272	81.4%
向社会的	感謝とともに，返報の意図や肯定的評価を伝える行動 （表情：怒った顔以外） セリフ：「優しいね」「今度忘れたら，見せてあげる」	47	14.1%
非主張	相手に対して何も主張しない行動 （表情：全て可） セリフ：「何も言わない」	15	4.5%

（2）場面Ｂ：要求の拒絶

「断り」，「謝罪」，「理由説明」，「関係維持」，「許容」「非主張」，「拒否」の
7種類であった（Table 20）。

なお「許容」，「非主張」，「拒否」の3つは産出数が5％以下と少数であっ
たため，以降の分析は残りの4種類を使用して行われた。

2．自己表明，他者配慮の基礎統計と性差

各尺度の男女別の平均値，標準偏差の値を求めた（Table 21）。男女間での
平均値の差の検定を行った結果，他者配慮には女子が男子に比べ得点が高い
ことが示された（$p<.001$）。

3．自己表明，他者配慮の組合せによる類型の検討

自己表明，他者配慮の各尺度得点について，男女別の平均値（Table 21）
を基準に高低に分けた（他者配慮：男子 $M=59.14$，女子 $M=64.28$，自己表明：男
子 $M=55.14$，女子 $M=55.01$）。その後，高低の組合せから，「両高」群，「配慮
優位」群，「表明優位」群，「両低」群の4群を設定し，対象者をいずれかに
分けた。

第 9 章　主張性と主張行動内容との関連【研究 6】　　93

Table 20　場面 B の主張行動内容と，産出数，割合

行動	内容	数	割合
断り	相手に対し，断りの表明のみを伝える行動 （表情：全て可） セリフ：「ありがとう」「わるいね」「助かったよ」	67	19.3%
謝罪	謝罪によって，断りを表明，もしくは補足する行動 （「断り」を含む場合は，このカテゴリに分類） （表情：普通の顔，困った顔，笑顔） セリフ：「今日はごめん」「わるいんだけど」	100	28.7%
理由説明	理由を述べることで，断りを表明，もしくは補足する行動 （「断り」「謝罪」を含む場合は，このカテゴリに分類） （表情：普通の顔，困った顔，笑顔） セリフ：「行く気分じゃないから」「調子が悪いから」「用事があるから」	78	22.4%
関係維持	断りと関係維持の気持ちを表明する行動 （「断り」「謝罪」「理由」を含む場合は，このカテゴリに分類） （表情：普通の顔，困った顔，笑顔） セリフ：「また今度遊ぼう」「明日はどう？」	71	20.4%
許容	相手の主張を受け入れる意思を示す行動 （表情：普通の顔，困った顔） セリフ：「どっちでもいいけど」「いいよ」	15	4.3%
非主張	相手に対して何も主張しない行動 （表情：全て可） セリフ：「何も言わない」	11	3.2%
拒否	断りの意を，攻撃的に伝える行動 （表情：怒り） 「やだ」「ぜったい無理」	6	1.7%

Table 21　性別にみた主張性得点の記述統計量および t 検定結果

尺度	男子（N=182）		女子（N=166）		t 値（性別）
	M	SD	M	SD	
自己表明	55.14	(7.59)	55.01	(6.70)	.80
他者配慮	59.14	(10.06)	64.28	(9.86)	4.81***

***$p < .001$

94   第 2 部　実証的検討

4．主張行動カテゴリーと，主張性の群・性別との関連の検討

　主張行動カテゴリーと主張性の群・性別との関連を検討するために，各場面についてχ²検定を行った[11]。

（1）場面A：肯定的感情の表明（Table 22）

　分析の結果，群（$\chi^2(3) = 22.187$, $p < .001$）において人数の偏りが有意であった。

　群の残差分析の結果，「両低」群において「感謝」が有意に多く，「向社会的」が有意に少なかった。また「両高」群において「感謝」が有意に少なく，「向社会的」が有意に多く見られた。

　なお性別では有意差が見られなかった（$\chi^2(1) = 1.72$, $n.s.$）。

（2）場面B：要求の拒絶（Table 23）

　分析の結果，群（$\chi^2(9) = 19.714$, $p < .05$），性別（$\chi^2(3) = 39.799$, $p < .001$）において人数の偏りが有意であった。

　残差分析を行った結果，群では「両低」群において「断り」が有意に多く，

Table 22　場面Aの主張行動と性別・群別のクロス集計表

主張行動		性別		群			
		男	女	両低	表明優位	配慮優位	両高
感謝	度数	139	133	95▲	45	49	31▽
	調整済み残差	(1.1)	(−1.1)	(2.7)	(1.0)	(1.6)	(−4.7)
向社会的	度数	20	27	7▽	5	4	83▲
	調整済み残差	(−1.1)	(−1.1)	(−2.7)	(−1.0)	(−1.6)	(4.7)
合計	度数	159	160	102	50	53	114

▲：有意に多い，▽：有意に少ない

11）本研究では，男女別に群の分析は行わなかった。これは男女別の群の結果が，全体の結果と概ね同様の傾向を示し，かつ男女別にすることで群の有意差が見られなくなる結果が複数あったためである。

第9章　主張性と主張行動内容との関連【研究6】　95

Table 23　場面Bの主張行動と性別・群別のクロス集計表

主張行動		性別		群			
		男	女	両低	表明優位	配慮優位	両高
断り	度数	55▲	12▽	29▲	13	10	15▽
	調整済み残差	(5.8)	(−5.8)	(2.3)	(0.7)	(−0.5)	(−2.4)
謝罪	度数	20▽	27▲	29	20	19	32
	調整済み残差	(−3.5)	(3.5)	(−0.7)	(1.2)	(0.6)	(−0.8)
理由説明	度数	42	37	25	5▽	17	32
	調整済み残差	(0.6)	(−0.6)	(0.0)	(−2.8)	(1.2)	(1.2)
関係維持	度数	27▽	44▲	17	14	8	32▲
	調整済み残差	(−2.4)	(2.4)	(−1.6)	(0.9)	(−1.5)	(2.0)
合計	度数	160	157	100	52	54	111

▲：有意に多い，▽：有意に少ない

「両高」群では「断り」が有意に少なく「関係維持」が有意に多かった。「表明優位」群では「理由説明」が有意に少なかった。

　性別では，男子は「断り」が有意に多く，女子では「謝罪」，「関係維持」が有意に多かった。

第4節　考察

　本研究の目的は，児童の具体的な主張行動と内容を把握し，主張性の類型および性別との関連について検討することであった。以下，得られた結果について整理，考察を行う。

1．場面A：肯定的感情の表明

　9割以上の児童が友だちに何かしてもらった時に，肯定的感情を伝える行動（「感謝」，「向社会的」）を選択していた。よってこの行動は主張性の程度や男女差に関わらず，多くの児童が獲得している基本的な主張行動であることが考えられた。

　その中で「両低」群ではシンプルに感謝のみを伝える「感謝」が多く，感謝に加えて相手への賛辞や返報意図を伝えるような「向社会的」主張行動は

少なかった。反対に「両高」群では「感謝」のみは少なく，「向社会的」な主張行動が多かった。よって自己表明と他者配慮の高い児童は，単に感謝を伝えるだけでなく，対人関係に肯定的・促進的影響を及ぼすような主張行動を多く行っていることが窺われた。

２．場面Ｂ：要求の拒絶

　９割以上の児童が「遊びたくないときに遊びを断る」という主張行動を取っていた。内容は４つのカテゴリーが使用されており，直接的な断りを表現するだけでなく，理由説明のように断りの内容を補足する表現や，相手への謝罪，関係維持の意図を示す表現などを産出可能であることが明らかになった。

　また非主張と攻撃的な主張行動は少ないことが示された。これは，相手からの申し出が「遊びの誘い」のような友好的な内容であったため，こうした不適応的な行動が選択されにくいことも考えられる。

　残差分析の結果，「両低」群で「断り」が多く，「表明優位」群では「理由説明」が少なかった。この２群は他者配慮が低い群であった。これらの群の児童は「なぜ誘いを断るのか」という情報共有などは少なく，自分の気持ちや考えを簡潔に伝える傾向が示唆された。

　また「両高」群では「関係維持」が多かった。この行動は「断り」だけよりも他者への気持ちやお互いの関係性を配慮した主張行動であると言えよう。

　さらに男女差が認められ，男子は「断り」，女子は「謝罪」，「関係維持」を多く用いていた。児童において，男子は相手に対する優位性を，女子は親密性・関係維持を求める人間関係や会話スタイルをとることが知られている（Maccoby, 1990；Champbell & Tara, 2004）。「相手からの誘いを断る」という行為は仲間関係を損ねる可能性もあるため，特に配慮が必要とされる場面と考えられる。よって女子では，相手に調和的印象を与えやすい「謝罪」や「関係維持」が男子より多くなったことが推察される。反対に「断り」のみの行

動は，仲間適応に対して有効に働きにくいことも考えられる。一方男子では調和・親密性よりも，意図の伝わりやすさが重視され，「断り」のような明確な主張行動が選択されやすいのかもしれない。

3．全体のまとめ

　主張行動と主張性の群との関連について，まず「両低」群は，「感謝」，「断り」というシンプルに自分の意志を表明する行動が多かった。このことから，自己表明と他者配慮が低い群であっても，明確な自己表現は産出可能であることが示された。一方で「両高」群は主張行動のうち「向社会的」，「関係維持」が多く，友好的かつ自分の意見を表明する行動を選択しやすいことが示された。よって自己表明と他者配慮が高い児童では，相手を侵害しない方法で自分の気持ちや考えを主張する「自分も相手も大切にした自己表現（平木，1993）」が多く行われていることが推察された。

　「両低」群も「両高」群も自己表明を行うことができているが，その効果は異なる可能性が考えられる。例えば「両低」群で多かった「断り」と，「両高」群で多く見られた「関係維持」を比べると，どちらも「断りの意を伝える」いう点では同等の機能を持つ行動である。

　しかし先行研究では，本研究の「感謝」，「断り」のようにシンプルな主張発言のみの話者は，受け手に対人的魅力度を低く評価されやすいことが報告されており（e.g., Kern, 1982；渡部・相川，2004），相手に与える印象や対人的効果は異なることが考えられる。本論文の研究3，4において「両高」群は学級適応状況が高いことが示されたが，こうした主張行動の違いが友人との関係維持や促進に役立っている可能性も考えられよう。

　以上より，主張場面の特徴に影響される部分はあるものの，場面を越えて主張性の類型によって産出される主張行動に違いがあることが明らかとなった。

　本研究の限界として，主張性の群によって産出されやすい行動に違いがみ

98　第 2 部　実証的検討

られたが，自己表明と他者配慮がそれぞれ主張行動にどのような影響を及ぼ
しているのかまでは明らかとなっていない。

　また「何も言わない」という非主張的行動であっても，主張の能力が低く
言いたいことが言えない場合や，「熟考的な主張性（柴橋，1998）」や「積極
的非主張（久木山，2005）」のように「葛藤を回避するために，あえて主張し
ないことを選択する」という対人目標を選択する場合も考えられる。このよ
うに一見同様の行動であっても，背景に個人の主張性の程度や対人目標に違
いがみられる場合もあるだろう。よって行動面だけでなく，背景にある個人
特性や認知過程を把握することで，主張性と主張行動との関連をより詳細な
把握が可能となるだろう。

第10章　主張性と社会的情報処理との関連
【研究7】

第1節　目的

　本研究では，研究6で見られた主張性と主張行動との関連について，その際の認知的過程を含めた検討を行うことを目的とする。認知的過程は第1章（第4節）で挙げた社会的情報処理モデル（Dodge, 1990；Crick & Dodge, 1994）を用いる。

　主張性と社会的情報処理に関する研究（濱口，2004；久木山，2005；松尾・新井，1997；渡部，2008b）では，主張性のような個人特性だけでなく，社会的状況で採用される情報処理過程が，主張行動に影響を及ぼすことを報告している。本研究でも，主張性の自己表明と他者配慮がそれぞれ認知過程にどのような影響を及ぼし，主張行動に寄与しているのかを詳細に検討する。

　なお社会的情報処理モデルは6段階のステップが想定されている。本研究では先行研究（濱口，2004；久木山，2005；渡部，2008b）で主張行動との関連が報告されている前半の「解釈」ステップ，「目標設定」ステップと後半の「行動（反応）評価」ステップを取り上げ，最終的な「行動実行」ステップへどのように影響を及ぼすのかを検討する。

第2節　方法

1．調査対象者

　関東圏内の公立小学校5－6年生253人（5年生：男子59名・女子51名，6年生：男子67名・女子76名）を調査対象とした。

100 第2部 実証的検討

2. 調査時期

2012年10月－11月に実施された。

3. 調査内容

①**他者配慮** 研究1-1で作成された他者配慮尺度を用いた。16項目5件法（「よく，あてはまる：5」―「まったく，あてはまらない：1」）である（研究1-2-研究7 共通）。

②**自己表明** 児童用主張性尺度（ASC：濱口，1994a）を用いた。18項目4件法（「はい：4」―「いいえ：1」）である（研究2-研究7 共通）。

③**社会的情報処理** 研究6で使用された主張場面を参考に，友だちからの要求を断る「要求の拒絶」場面を設定した。研究6よりも対人葛藤が大きくなるよう「一度要求を断ったが，友人が再度要求してきた」という内容にした。具体的には「あなたは放課後，なかのよい友だちのAさんに，遊びにさそわれました。あなたは，今日は遊びたくない気分なので，ことわりました。でもAさんは，『みんなでゲームをするのだけど，人数が足りないので来て！』と言います。あなたは，そのゲームがとても苦手で，とても行きたくありません」という対人葛藤場面を提示した[12]。その上で，以下の項目に評定を求めた。

（a）**解釈ステップ** 濱口（2004），久木山（2005），渡部（2008b）の解釈ステップの項目を参考に作成した。

「Aさん（友だち）は，わるぎがあるわけではない」を含む3項目からなる。5件法（「ぜったい，そうだと思う：5」―「ぜったい，そうじゃないと思う：1」）で回答を求めた。得点が高いほど，相手に敵対的な意図がないと解釈する「偶然帰属」の傾向が高いことを示す。

（b）**目標設定ステップ** 濱口（2004），久木山（2005），渡部（2008b）の目

12）研究6では肯定的場面と葛藤場面の検討を行ったが，肯定的場面は主張行動のバリエーションが少なく主張性による差がみられにくかったため，本章では葛藤場面のみを採用した。

標設定ステップを参考に作成した。「Aさん（友だち）を，イヤな気もちにさせたくない」などの9項目からなり，ａ．相手との友好的関係を維持する「友好目標」，ｂ．相手に自分の気持ちや考え，正当な権利を主張する「主張目標」，ｃ．相手との対立を避け，穏便にその場を収めようとする「葛藤回避目標」を想定した。5件法（「とてもそう思う：5」―「ぜんぜんそう思わない：1」）で回答を求めた。

（ｃ）行動評価ステップ　濱口（2004）の行動評価ステップの有効性判断の項目を参考に作成した。主張行動は研究6の分類結果を参考に4種類を設定し，代表的な主張行動を1つずつ提示した。内容は以下の通りであった。

ａ．攻撃的行動（相手を非難し，攻撃的な言動をとる）
　　：「あなたはおこって，『しつこい！』ともんくを言いました」

ｂ．主張的（Nt：ニュートラル）行動（自分の気持ちや考え，正当な権利を明確に主張する）：「あなたは『今日はあそぶ気分じゃない』と言って，ことわりました」

ｃ．主張的（P：ポジティブ）行動（自分の気もちや考えを主張する際に，相手に対する気遣いや関係維持の意を加える）：「あなたは『さそってくれてありがとう。またこんどあそぼう』と言いました」

ｄ．非主張的行動（相手に自分の気持ちや考え，正当な権利を主張し損ねる）：「あなたは，あそびたくないけれど，『いいよ』と言いました」

　各行動について，設定した目標（友好目標，主張目標，葛藤回避目標）を実現する上での有効性判断が尋ねられた。「Aさん（友だち）は，イヤな気もちにならず，あなたと今までどおりなかよくできる」などの3項目×応答的行動（4種類）の12項目からなる。5件法（「ぜったい，そうだと思う：5」―「ぜったい，そうじゃないと思う：1」）で回答を求めた。

（ｄ）行動実行ステップ　濱口（2004），久木山（2005），渡部（2008b）の行動実行ステップおよび研究6の分類結果を参考に，攻撃的行動，主張的（Nt）行動，主張的（P）行動，非主張的行動の4種類を設定した。「おこっ

102　第2部　実証的検討

て『しつこい！』と文句を言う」などの8項目からなる。5件法（「ぜったい，そうする：5」―「ぜったい，そうしない：1」）で回答を求めた。

4．調査手続き

調査は個別記入式の質問紙により，調査対象者の在籍する学級単位で授業時間内に集団で実施された。フェイスシートには学年，組，性別の記入を求めた。学級担任が質問紙を一斉に配布し，担任の指示の元で一斉に回答が求められた。

5．倫理的配慮

調査に際し，実施する学校に調査内容を説明し，学校長より実施の承諾を得た。また調査を実施する教師全員に「調査の手引き」が配布され，実施方法や倫理的配慮について児童に口頭で説明を行うよう求めた。

説明の内容は，①本調査は普段の気持ちや考えについて尋ねるものであること，②学校の成績とは無関係であること，③回答の正誤・良し悪しはないこと，④テストではないので思ったとおりに回答すること，⑤回答内容が教師，家族，友人に知られることがないこと，⑥調査への協力は自由意志であり，協力しないことによる不利益は一切ないこと，⑦調査開始後でも，回答したくない項目に対する回答拒否や調査協力の中断が可能であること，であった。説明された内容は児童が確認できるようフェイスシートにも記載した。

なお調査は，著者の所属機関に設置された研究倫理委員会の承認を得て実施された。

第3節　結果

1．尺度の構成

（1）解釈ステップ

解釈ステップ尺度3項目に対して因子分析（主因子法・プロマックス回転）

第10章　主張性と社会的情報処理との関連【研究7】　103

を行った。固有値の推移と解釈可能性から因子数を1に指定し，再度因子分析を行った結果を Table 24に示す。偶然帰属の Cronbach の α 係数は.66であった。

（2）目標設定ステップ

目標設定ステップ尺度9項目に対して因子分析（主因子法・プロマックス回転）を行った。固有値の推移と解釈可能性から因子数を3に指定し再度因子分析を行った結果を Table 25に示す。Cronbach の α 係数は友好目標で α = .63，葛藤回避目標で α = .75，主張目標で α = .81であった。

Table 24　解釈ステップ因子分析結果

項目	友好目標
Aさんは，わたしをこまらせようとしているわけではない	.88
Aさんは，わるぎがあるわけではない	.87
Aさんは，わたしがイヤがっているのを知っていて，わざと言っている（逆転項目）	.56
因子寄与	1.84
累積寄与率	61.22

Table 25　目標設定ステップ因子分析結果

項目	友好目標	葛藤回避目標	主張目標
Aさんと，ケンカしたくない	.83	.08	.00
Aさんと，これからもなかよしでいたい	.82	.12	− .02
Aさんを，イヤな気もちにさせたくない	.55	.31	− .25
Aさんに，気もちをわかってほしい	.44	.23	.34
めんどうなことに，なってほしくない	− .01	.88	.16
もんだいを，大きくしたくない	.23	.79	.03
おだやかに，かいけつしたい	.39	.68	− .01
Aさんのさそいを，ことわりたい	.00	.00	.90
Aさんに，あきらめてほしい	− .08	.11	.90
因子寄与	2.07	2.04	1.82
累積寄与率	22.94	45.65	65.85

104　第2部　実証的検討

（3）行動評価（有効性判断）ステップ

　行動評価ステップ尺度12項目に対して因子分析（主因子法・プロマックス回転）を行った。固有値の推移と解釈可能性から4因子が妥当であると判断し再度因子分析を行った結果を Table 26に示す。Cronbach の α 係数は主張的（Nt）行動で α = .76，主張的（P）行動で α = .72，攻撃的行動で α = .70，非主張的行動で α = .70であった。

　なお非主張的行動の1項目（「Aさんは，あそびたくない気もちを分かって，あきらめてくれる」）が，攻撃的行動因子に高い負荷を示していた。この項目は，主張目標（友だちが気持ちを分かって，あきらめてくれる）に対して非主張的行動が有効と判断するものである。この判断は「攻撃的行動が有効」と判断する傾向と同様に，対人目標達成に効果的でない傾向といえよう。こうした不適応的な判断傾向が1つの因子にまとまったと考えられる。ただし攻撃的行動と非主張的行動ではその内容が異なるため，当該項目は因子項目に含めなかった。

（4）行動実行ステップ

　行動実行ステップ尺度8項目に対して因子分析（主因子法・プロマックス回転）を行った。固有値の推移と解釈可能性から4因子が妥当であると判断し再度因子分析を行った結果を Table 27に示す。Cronbach の α 係数は攻撃的行動で α = .82，主張的（Nt）行動で α = .59，主張的（P）行動で α = .63，非主張的応答行動で α = .62であった。

2．各変数の基礎統計と性差

　各尺度の男女の平均値，標準偏差を Table 28に示す。t 検定の結果，女子は男子に比べて他者配慮，友好目標，主張目標，主張的（P）行動が有意に高かった（順に $t(251) = 3.35$，$p < .001$；$t(251) = 2.27$，$p < .05$；$t(251) = 2.33$，$p < .05$；$t(251) = 2.20$，$p < .05$）。男子は女子に比べて攻撃的行動が有意に高か

第10章　主張性と社会的情報処理との関連【研究7】　105

Table 26　行動評価ステップ因子分析結果

項目	主張的 (Nt) 行動の有効 性判断	主張的 (P) 行動の有効 性判断	攻撃的行動の 有効性判断	非主張的行動 の有効性判断
主張的 (Nt) 行動：もんだいが大きくなったり，めんどうなことがおきたりしないですむ	.80	.27	.04	.06
主張的 (Nt) 行動：Aさんは，あそびたくない気もちを分かって，あきらめてくれる	.74	.29	.07	.02
主張的 (Nt) 行動：Aさんは，イヤな気もちにならず，あなたと今までどおり，なかよくできる	.68	.10	.29	.08
主張的 (P) 行動：Aさんは，あそびたくない気もちを分かって，あきらめてくれる	.10	.78	− .04	− .07
主張的 (P) 行動：Aさんは，イヤな気もちにならず，あなたと今までどおり，なかよくできる	.20	.78	.07	.12
主張的 (P) 行動：もんだいが大きくなったり，めんどうなことがおきたりしないですむ	.25	.77	− .01	.20
攻撃的行動：Aさんは，イヤな気もちにならず，あなたと今までどおり，なかよくできる	.17	− .09	.84	− .03
攻撃的行動：もんだいが大きくなったり，めんどうなことがおきたりしないですむ	.25	− .02	.74	− .03
非主張的行動：Aさんは，あそびたくない気もちを分かって，あきらめてくれる	− .30	.30	.63	− .11
攻撃的行動：Aさんは，あそびたくない気もちを分かって，あきらめてくれる	.41	− .04	.49	.03
非主張的行動：Aさんは，イヤな気もちにならず，あなたと今までどおり，なかよくできる	.06	.13	.02	.87
非主張的行動：もんだいが大きくなったり，めんどうなことがおきたりしないですむ	.06	.03	− .11	.86
因子寄与	2.13	2.09	1.99	1.58
累積寄与率	17.75	35.16	51.72	64.85

った（$t\,(251) = 2.00$, $p < .05$）。

3．自己表明・他者配慮が社会的情報処理に及ぼす影響の検討

　次に，自己表明・他者配慮がどのように社会的情報処理ステップに影響を及ぼし，主張行動の産出に至るのかを検討するためにモデルを作成した。

　変数を5水準に分け，第1水準は個人特性である自己表明と他者配慮，それ以降は社会的情報処理ステップの順番に従い，第2水準を「解釈」，第3水準を「目標設定」，第4水準を「応答行動の有効性判断」，第5水準を「行

106　第2部　実証的検討

Table 27　行動実行ステップ因子分析結果

項目	攻撃的行動	主張的(Nt)行動	主張的(P)行動	非主張的行動
おこって，Aさんにひどいことを言う	.91	.13	−.09	.08
おこって，「しつこい！」ともんくを言う	.89	.20	.00	.01
「今日はむりだ」と，はっきり伝える	.12	.86	.06	−.10
「今日はあそぶ気分じゃない」と，はっきり伝える	.28	.70	.08	−.15
「さそってくれてありがとう。またこんどね」と言う	−.02	−.03	.94	−.05
「わるいんだけど，今日はあそべない」と，あやまる	−.09	.50	.68	−.12
Aさんに，なにも言えない（ことわれない）	.11	−.05	−.10	.82
あそびたくないけれど，「いいよ」と言う	−.03	−.18	−.01	.80
因子寄与	1.74	1.57	1.38	1.37
累積寄与率	21.79	41.43	58.66	75.76

Table 28　性別にみた各尺度得点の記述統計量

尺度	男子 M	男子 SD	女子 M	女子 SD	t 値（性別）
自己表明	54.41	(6.87)	53.40	(7.02)	1.15
他者配慮	59.75	(10.59)	63.78	(8.53)	3.34**
【解釈】					
偶然帰属	12.68	(2.29)	12.64	(2.16)	.14
【目標設定】					
友好目標	17.45	(2.43)	18.07	(1.94)	2.27*
主張目標	6.98	(2.21)	7.60	(1.94)	2.37*
葛藤回避目標	13.40	(2.18)	13.42	(2.11)	.07
【行動の有効性判断】					
攻撃的行動	10.47	(2.61)	10.34	(2.59)	.42
主張的（N）行動	13.10	(2.36)	13.30	(1.74)	.75
主張的（P）行動	8.35	(2.81)	8.22	(2.45)	.37
非主張的行動	8.45	(1.89)	8.43	(1.61)	.10
【行動実行】					
攻撃的行動	3.85	(2.10)	3.38	(1.64)	1.94*
主張的（N）行動	7.13	(2.11)	6.92	(2.13)	.78
主張的（P）行動	8.03	(2.00)	8.56	(1.77)	2.24*
非主張的行動	4.47	(2.00)	4.15	(1.89)	1.32

男子：$N=110$，女子：$N=143$
*$p<.05$，**$p<.01$

動実行」とした。なお久木山（2005）では（Milner, 2000）の研究を引用し，情動喚起やストレスの程度によって，社会的情報処理のすべてのステップで処理が行われずに，例えば直接的に行動実行ステップへの影響がみられるなど，単純化された処理が行われることを報告している。よって分析に際しては，第１水準から第２－５水準へ，第２水準から第３－５水準へ，第３水準から第４－５水準へそれぞれ直接的なパスも想定した。

　分析は性別ごとの差を検討するために，以下の３モデルに対する多母集団の同時分析を行った。モデル０は制約なしのモデル，モデル１はパス係数が等値と仮定したモデル，モデル２はパス係数および相関係数が等値と仮定したモデルであった。各モデルの適合度を Table 29に示す。

　各指標ともにモデルの適合度はそれほど高くはないが，許容できる範囲の値が示された。各モデルの結果を比較した結果，他のモデルより当てはまりが良い（GFI，AGFI，CFI が１に近く，RMSEA と AIC が最も小さい）モデル０を採択した。よって男女でパス係数は等値でないと判断された。

　最終的に本研究で採択したモデルを男女別に示す。

（１）　男子の結果（Figure 5）

　結果より，以下の影響過程が示唆された。第１水準の自己表明からは「非主張的行動の有効性判断」，「非主張的行動」に負のパスがみられた。他者配慮からは「偶然帰属」，「友好目標」，「葛藤回避目標」，「主張的（P）行動」に対して正のパスがみられた。

　第２水準の「偶然帰属」からは「友好目標」，「葛藤回避目標」，「主張的

Table 29　仮定したモデルの適合度指標

モデル	GFI	AGFI	CFI	RMSEA	AIC
モデル０	.883	.772	.765	.075	466.457
モデル１	.836	.763	.672	.077	490.403
モデル２	.837	.763	.675	.077	489.409

108　第2部　実証的検討

（Nt）行動の有効性判断」，「主張的（P）行動の有効性判断」へ正のパスと，「主張目標」へ負のパスがみられた。

　第3水準の「主張目標」からは「主張的（Nt）行動の有効性判断」，「主張的（P）行動の有効性判断」，「攻撃的行動」，「主張的（Nt）行動」へそれぞれ正のパスがみられた。「友好目標」からは「主張的（P）行動の有効性判断」へ正のパスと，「攻撃的行動」へ負のパスがみられた。「葛藤回避目標」からは，「主張的（Nt）行動の有効性判断」「非主張的行動の有効性判断」，「主張的（P）行動」へ正のパスがみられた。

　第4水準の「攻撃的行動の有効性判断」と「非主張的行動の有効性判断」からは「非主張的行動」へ正のパスがみられ，「主張的（Nt）行動の有効性判断」からは「主張的（Nt）行動」へ正のパスが，「主張的（P）行動の有効性判断」からは「攻撃的行動」へ負のパスがみられた。

（2）女子の結果（Figure 6）

　結果より，以下の影響過程が示唆された。第1水準の自己表明からは「主張目標」，「主張的（Nt）行動」へ正のパスと「非主張的行動」へ負のパスがみられた。他者配慮からは「偶然帰属」，「友好目標」，「葛藤回避目標」，「主張的（P）行動」，「非主張的行動」に対して正のパスと，「攻撃的行動」，「主張的（Nt）行動」への負のパスがみられた。

　第2水準の「偶然帰属」からは「友好目標」へ正のパスと，「攻撃的行動の有効性判断」，「主張的（Nt）行動」への負のパスがみられた。

　第3水準の「主張目標」からは「攻撃的行動」，「主張的（P）行動」へ正のパスと「非主張的行動」へ負のパスがみられ，「友好目標」からは「主張的（P）行動の有効性判断」への正のパスと「主張的（Nt）行動」への負のパスがみられた。

　第4水準の「攻撃的行動の有効性判断」からは「攻撃的行動」へ正のパス，「主張的（Nt）行動の有効性判断」からは「主張的（Nt）行動」に対して正の

第10章　主張性と社会的情報処理との関連【研究7】　　109

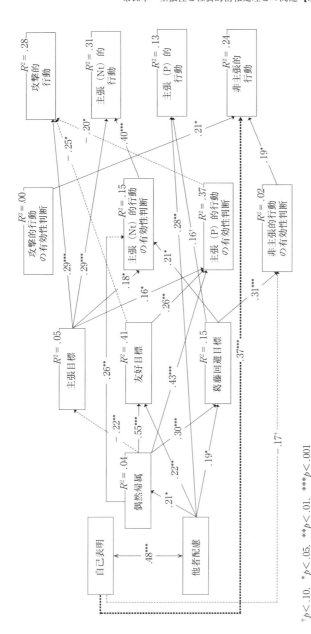

† $p<.10$. * $p<.05$. ** $p<.01$. *** $p<.001$
注) 有意なパスのみ表示し、誤差項は省略した。実線は正のパス、破線は負のパスを示す。

Figure 5　主張性が社会的情報処理ステップに及ぼす影響（男子）

110　第2部　実証的検討

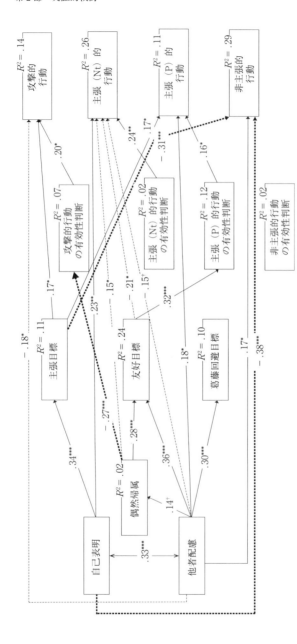

†*p* < .10. *p < .05. **p < .01. ***p < .001
注）有意なパスのみ表示し、誤差項は省略した。実線は正のパス、破線は負のパスを示す。

Figure 6　主張性が社会的情報処理ステップに及ぼす影響（女子）

パス，「主張的（P）行動の有効性判断」からは「主張的（P）行動」へ正の
パスがみられた。

第4節　考察

　本研究では，研究6で見られた主張性と主張行動との関連について，社会
的情報処理モデル（Crick & Dodge, 1994 ; Dodge, 1990）の観点を含めて検討を
行うことを目的とした。その結果，男女ともに自己表明，他者配慮と社会的
情報処理の各ステップが，主張行動に影響を及ぼしていることが明らかとな
った。以下では自己表明と他者配慮が直接ないし間接的に影響し，行動実行
に繋がった個所を取り上げ，考察を行う。

1．自己表明について

　「非主張的行動」に対して，男女ともに自己表明から直接の抑制効果が見ら
れた。また男子で自己表明が「非主張的行動の有効性判断」へ負の影響を
与え，女子では自己表明から「主張目標」へ正の影響を与え，「非主張的行
動」を間接的に抑制していた。

　自己表明の高さは非主張的行動と負の関連があることはこれまでの主張性
研究で一貫して示されており（e.g., Deluty, 1979），これと一致する結果と言え
よう。

　さらに女子では，自己表明が「主張的（Nt）行動」へ直接の促進効果を与
えていた。また自己表明が「主張目標」への正の影響を与えることで，間接
的に「攻撃的行動」と「主張的（P）的行動」を促進していた。これを踏ま
えると，女子では自己表明の高さにより「はっきりと誘いを断りたい」とい
う主張目標が促進され，明確な主張や関係維持的な主張行動が取られる一方
で，攻撃的な主張行動も促進されていた。よって行動の種類に関わらず，
「相手に自分の意見を伝える」という目標が達成可能な行動が選択されやす
いことが示唆された。

2．他者配慮について

　男子では「攻撃的行動」への間接の抑制効果，「主張的（Nt）行動」への間接の促進効果と抑制効果，「主張的（P）的行動」へ直接・間接の促進効果，「非主張的行動」へ間接の促進効果が見られた。

　女子では「攻撃的行動」へ直接・間接の抑制効果と，「主張的（Nt）行動」への直接・間接の抑制効果，「主張的（P）的行動」へ直接・間接の促進効果，「非主張的行動」へ直接の促進効果が見られた。各行動について考察を述べる。

（1）攻撃的行動について

　男子では他者配慮が「偶然帰属」，「友好目標」に正の影響を与えて間接的に「攻撃的行動」を抑制していた。女子では他者配慮が「偶然帰属」に正の影響を与え，さらに「偶然帰属」が「攻撃的行動の有効性判断」に負の影響を与えることで間接的に「攻撃的行動」を抑制していた。男女ともに他者配慮によって「相手には敵対的な意図がないだろう」という解釈が促進され，攻撃的行動を抑制するような目標設定や有効性判断が取られやすくなることが示唆された。女子で他者配慮から「攻撃的行動」に対して直接の抑制効果が見られたように，他者配慮は「愛他的動機に基づく」概念であるため，攻撃的な主張行動と負の関係を取ることや，「相手に敵対的な意図がない」という解釈が促進されやすいことは，容易に予想できる結果と言えよう。

（2）主張的（Nt）行動について

　男子では他者配慮が「偶然帰属」に正の影響を与えて「主張目標」を抑制し，間接的に「主張的（Nt）行動」を抑制する効果と，他者配慮が「偶然帰属」，「葛藤回避目標」にそれぞれ正の影響を与えて「主張的（Nt）行動」を間接的に促進する効果の2つの方向性が示された。また女子では他者配慮から直接の抑制効果と，「偶然帰属」，「友好目標」に正の影響を与えて「主張

的（Nt）行動」を間接的に抑制する効果が見られた。

　男子では他者配慮によって「相手に敵対的な意図がない」という解釈が増加することは，主張目標が減少するだけでなく，「友好目標」と「葛藤回避目標」を高めることに繋がっており，女子でも同様に「偶然帰属」は「友好目標」を高めていた。男女とも他者配慮によって，葛藤を避けて友好関係を保とうという目標が増加し，それに伴い，はっきりと誘いを断るような「主張目標」が減少し，「主張的（Nt）行動」が抑制されることが考えられた。

　その一方で，男子の他者配慮の高さは，「相手は敵対的な意図がなく，再度遊びに誘っている」との偶然帰属を高めるとともに，相手の立場に立ち「自身の気持ちや考え（遊びに行きたくない）を，"相手に伝わりやすいように"はっきり伝える」ことが有効であるという判断につながり，「主張的（Nt）行動」が促進されたと考えられる。久木山（2005）でも「偶然帰属」からは，偶然であるから主張を行う必要がないとする場合と，主張が必要とする場合の両方の関係性が考えられるとの指摘があり，本研究の結果でも同様の傾向が示されたと言えよう。

（3）主張的（P）行動について

　男女ともに他者配慮から「主張的（P）行動」に直接の促進効果が見られた。また男子では「偶然帰属」，「葛藤回避目標」に正の影響を与え，女子では「偶然帰属」，「友好目標」，「主張的（P）行動の有効性判断」に正の影響を与えることで，それぞれ他者配慮が間接的に「主張的（P）行動」を促進していた。

　「主張的（P）行動」は，「遊びたくない」と主張する際に，相手に対する申し訳なさや関係維持の意を加えた愛他的な主張行動であり，他者配慮の概念的定義と一致する行動とも言えるため，この結果は妥当であろう。

　また他者配慮によって友好的で穏健な解釈，目標設定，行動の有効性判断のステップが選択され，「主張的（P）行動」の産出につながることが示され

114　第2部　実証的検討

た。渡部（2008b）でも他者配慮は友好性目標に正の影響を与えており，同様
の傾向と言えるだろう。「主張的（P）行動」は，先行研究における「配慮を
加えた主張行動（Kern, 1982；Woolfolk & Dever, 1979）」にあたる。こうした配
慮的な主張行動は仲間からの肯定的評価に繋がることが上記の研究で示され
ている。本研究の結果より，他者配慮の高さが配慮的な主張行動に繋がり，
外的適応に寄与することが示唆された。

（4）非主張的行動について

　男子では他者配慮が「葛藤回避目標」，「非主張的行動の有効性判断」に正
の影響を与え，「非主張的行動」を間接的に促進していた。また女子では他
者配慮が直接的に「非主張的行動」を促進していた。なお男子では他者配慮
から「葛藤回避目標」が促進されることで，「非主張的行動」だけでなく
「主張的（P）行動」の促進にもつながっていた。また女子でも同様に，他者
配慮が「非主張的行動」と「主張的（P）行動」の促進に寄与していた。

　「非主張的行動」は「相手の誘いを断らない」という行動であるが，男子
において他者配慮が高い場合，「相手との葛藤を避ける」という目的を達成
するには「主張的（P）行動」だけでなく，「非主張的行動」も有効であると
判断し，「非主張的行動」を選択する傾向が示された。これは「友だちとの
葛藤を回避するために，あえて主張しないことを選択する」という「熟考的
な主張性（柴橋, 1998）」や「積極的非主張（久木山, 2005）」を支持する結果
と言えるだろう。

　また女子の仲間関係では男子よりも親密性や関係維持は重視される
（Champbell & Tara, 2004；Maccoby, 1990）。本場面は，一度断ったにも関わら
ず，相手から再度誘いを受ける」という設定であり，さらに「相手は“人数
が足りない”という理由で困っており，一方自分は気が乗らないものの，物
理的には相手の要求を受けることが可能」という葛藤場面である。特に他者
への配慮傾向が高い女子にとってはストレスフルな場面であると考えられよ

う。久木山（2005）において情動喚起やストレス場面では社会的情報処理の
すべてのステップで処理が行われずに，単純化された処理が行われること
（Milner, 2000）を指摘しているが，女子において，他者配慮から直接的に
「非主張的行動」や「主張的（P）行動」が選択されたのは，情動喚起や心理
的ストレスが影響した可能性も考えられる。

3．まとめ

　上記より，男女ともに自己表明，他者配慮は主張行動に対して直接的な影
響と，社会的情報処理の各ステップを介した間接的な影響を与えていた。ま
た本研究により，主張性が各主張行動と社会的情報処理過程へ与える影響が，
自己表明と他者配慮で異なることが示された。

　自己表明は，男女ともに「非主張的行動」を直接，もしくは「主張目標」
や「非主張的行動の有効性判断」を介して間接的に抑制していた。女子では
さらに，相手に明確な自己表明を行うような行動を直接，もしくは主張目標
を介して間接的に促進していた。

　他者配慮は，直接的および「偶然帰属」，「友好目標」，「葛藤回避目標」と
いった友好的な認知ステップを介して間接的に行動に影響を与えており，
「攻撃的行動」を抑制し，「主張的（P）行動」，「非主張的行動」といった相
手への気遣いが含まれる主張行動を促進していた。

　よって自己表明は主張行動において「自分の意見を表明するか否か」とい
った側面に影響を及ぼし，他者配慮は「相手への気遣いが含まれるか否か」
といった側面に影響を及ぼしていることが示唆された。大学生を対象とした
渡部（2008b）の研究でも，主張性の4要件のうち「素直な表現」は意見を主
張する能動的な方向へと働き，「他者配慮」は意見を主張せずに相手に合わ
せることを選択する方向へと働くことを推察しているが，本章において児童
期でも同様の傾向が確認された。

　またこれまで「熟考的な主張性（柴橋, 1998）」や「積極的非主張（久木山,

2005)」と主張性との関連は，理論的には想定されていたものの，実証的研究では明らかとなっていなかった。本章では男子のみであるが，他者配慮の高さがこうした「能動的な非主張」につながる可能性を示唆することができた。

同様に男女で他者配慮の高さが「配慮を加えた主張行動（Kern, 1982; Woolfolk & Dever, 1979）」を促進することが新たに示された。このように他者配慮が主張行動へ与える影響を詳細にした点に意義があると言えよう。

今後の課題として，今回は 1 場面のみの結果であったが，複数の主張場面で検討を行うことで，各場面の特異性や場面を越えた共通傾向を把握することが可能となると考えられる。

また今回の分析に含まれなかった認知的要因，例えば主張行動の際に「相手に嫌な人だと思われるのではないか」といった評価懸念や，「困っている人は助けるべきだ」という規範意識などの認知的信念も，対人葛藤場面での主張行動の産出に影響を与える要因である可能性が考えられるため，検討に含めていきたい。

第3部　総　　括

第11章　総合的考察

本章では第1節において，目的別に本研究の結果をまとめる。第2節では研究全体で得られた知見について考察を行う。第3節では本研究の意義に言及し，第4節では限界点および今後の課題について述べる。

第1節　本論文の目的と結果のまとめ

本研究では，主張における他者配慮について概念的定義を行い，他者配慮を含めた主張性の再検討を行った。

第1部で挙げた3つの目的に対応する形で，第2部で実証的検討が行われた。以下に目的別の結果を紹介する。

1．児童用の他者配慮尺度の作成と，主張性の類型化について

目的1では，児童用の他者配慮尺度を新たに作成し，主張性の類型化を行い，その心理的特徴を検討することを目指した。第3章（研究1-1）で小学4－6年生および教員を対象に，主張における他者配慮尺度の項目内容が検討され，1因子からなる16項目の他者配慮尺度が作成された。また男女差を検討した結果，女子が男子に比べて有意に他者配慮得点が高いことが示された。第4章（研究1-2）では，作成された尺度の信頼性・妥当性の検討が行われた。その結果，作成された他者配慮尺度は，高い信頼性と妥当性を有していることが確認された。この尺度は以降の研究（研究3-7）において使用された。

また第5章（研究2）において自己表明と他者配慮得点の組合せから，主張性を4つに類型化し，その心理的特徴を明らかにした。その結果，男子の「配慮優位」群と女子の「両低」群で対人不安傾向，不表出性攻撃が高く，自己表明の低い2群において不適応的な主張行動につながる心理的特徴が見

120　第3部　総　括

られた。また各類型の特徴が男女で異なることが示された。他者配慮の視点
によって，自己表明尺度では分類が困難であった不適応的要因との関連につ
いて，詳細な検討が可能となった。

2．心理社会的適応との関連

　目的2では，他者配慮の観点を加えた主張性と，心理社会的適応との関連
を検討することを目指した。

　第6章（研究3）では主張性の各類型と内的適応，外的適応との関連が検
討された。その結果，男女ともに「両高」群で自尊感情や学級適応感の高さ，
肯定的な他者評定との関連が示された。また「配慮優位」群は男女で顕著な
差が見られ，男子では教師からの適応評価が低いのに対し，女子では承認感，
仲間からの人気，教師からの適応評価が高く，他者配慮が優位であることの
意味が男女で異なることが示唆された。

　第7章（研究4）では主張性と内的適応，外的適応の因果関係が検討され
た。その結果，自己表明は自己に関する内的適応感と，他者配慮は周囲との
関係に影響される外的適応感と，それぞれ影響を及ぼしあっていることが確
認された。すなわち主張性は，6か月後の児童の適応に寄与するだけでなく，
適応状況からの影響も受けていること，主張性の2側面で適応との影響関係
が異なることが示された。

　第8章（研究5）では心理的ストレス過程への影響について検討がなされ
た。その結果，「両高」群が「両低」群に比べてストレス反応が低いこと，
主張性が心理的ストレス過程に影響し，ストレス反応を低減させることが示
された。また自己表明はストレス反応を直接低減させ，自己表明と他者配慮
は回避的コーピングを介して間接的にストレス反応を低減させており，それ
ぞれ影響過程が異なっていた。

　研究3－5の結果より，「両高」群が「両低」群に比べて内的・外的適応
状態が高く，心理的ストレスが少ないことが示され，他者配慮と自己表明の

両立が心理・社会的適応に寄与することが実証された。

3. 主張行動および認知的過程との関連

　目的3では，他者配慮の観点を加えた主張性と，主張行動および認知的過程との関連を検討することを目指した。

　第9章（研究6）では2つの対人場面（肯定的場面，対人葛藤場面）を設定し，主張性と主張行動との関連について検討を行った。その結果，とくに葛藤場面では自己表明と他者配慮の高さによって，産出される主張行動に差があることが示された。主張性の低い「両低」群でも「感謝」，「断り」といったシンプルな主張行動は可能であったが，「両高」群では，友好性を示しつつ自分の意見を表明する行動が多いことが示された。

　第10章（研究7）では主張行動への影響を，主張性および社会的情報処理の観点から検討を行った。その結果，自己表明と他者配慮では対人場面での認知処理への影響が異なり，そのため産出される主張行動に違いが生じることが明らかとなった。全体として自己表明は「自分の意見を表明するか否か」といった行動的側面に影響を及ぼし，他者配慮は「相手への気遣いが含まれるか否か」という配慮の有無に影響を及ぼしていることが示唆された。さらに他者配慮の高さが，熟考的で積極的な非主張行動（久木山, 2005；柴橋, 1998）につながる可能性や，配慮を加えた主張行動（Kern, 1982；Woolfolk & Dever, 1979）を促進することが新たに示され，他者配慮が主張行動へ与える影響を詳細にすることができた。

　研究6，7より，他者配慮と自己表明が高い児童は，相手への配慮をし，自分の気持ちや考えを主張する「自分も相手も大切にした自己表現（平木, 1993）」につながるような認知的処理と主張行動を多く選択することが示され，主張性の概念的定義と一致する結果が得られた。

122　第3部　総　括

第2節　研究全体での知見の整理

　本節では，研究全体で得られた知見を整理し，考察を行うこととする。

1. 他者配慮の性差について

　本研究においては，他者配慮得点に一貫して性差が見られ，男子より女子
が主張の際に他者配慮を行っていることが明らかとされた。これは，中・高
生（柴橋，2001a）や大学生（塩見ら，2003）と同様の結果であり，児童期後期
から青年期での一貫性のある結果と言えよう。

　この理由について，いくつか考えられる要因を挙げる。

　まずは，男女における対人志向性の差であろう。対人関係において男子は
優位性を求め，女子は親密な人間関係の形成・維持を求め（Maccoby, 1990），
会話においても，男子は優位性を求めるような，女子は親和的なスタイルを
とるとされており（Champbell & Tara, 2004），こういった志向性の差が考え
られた。

　また仲間集団の特徴も影響している可能性がある。女子の仲間集団は凝集
性が高く，また「男子よりも仲間集団に親和性を持っており，そのため周り
からどのように見られているのかとの意識が高まりやすい（奥野・小林，
2005）とされている。

　続いて，自己意識との関連が考えられる。自己意識は，「自己に注意を向
けやすい傾向」とされ，自己の外面や他者に対する言動などに注意を向ける
「公的自己意識」と，自己の内面や感情・気分に注意を向ける「私的自己意
識」がある。小学校高学年を対象にした桜井（1992）の研究では，自己意識
は男子より女子で高く，特に女子は「公的自己意識」が高いとしている。他
者配慮は，「自分の言動が，相手へ与える影響」に意識を向ける必要があり，
公的自己意識との関連が高いと考えられる。こうした背景要因により，女子
では仲間との調和や関係維持のために他者配慮を多く行っており，男女の他

者配慮に量的な差のみならず，質的な差も生み出すことが考えられる。

2．類型の特徴について

　本研究では，他者配慮と自己表明の組合せから個人の主張性を類型化した
うえで，その特徴が検討された。ここでは得られた知見を総括し，各類型に
ついてまとめることとする。

（1）類型化の基準について

　類型化は研究ごとに男女別の平均値を用いて行った。

　以下に群分けを実施した研究（研究2，3，4，6）におけるの平均値
（Table 30）と，人数の内訳（Table 31）を示す。

　他者配慮は男子で56.40－59.74，女子で62.15－64.78，自己表明は男子で
55.14－57.17，女子で55.01－56.40であった。

　他者配慮は2－3点，自己表明は1－2点の幅が見られた。

Table 30　各研究における群分け基準（平均値）

研究	(N)	他者配慮		自己表明	
		男子	女子	男子	女子
研究2	321	57.09	62.15	56.05	55.55
研究3	207	56.40	63.13	57.17	56.28
研究5	306	59.74	64.78	57.05	56.40
研究6	348	59.14	64.28	55.14	55.01

Table 31　各研究における性・学年別の人数（人）

研究	4年生		5年生		6年生		全体	
	男子	女子	男子	女子	男子	女子	男子	女子
研究2	49	48	44	58	70	52	163	148
研究3	23	20	28	25	57	54	108	99
研究5	23	27	48	48	75	85	146	160
研究6	79	77	53	52	50	37	182	166

124　第3部　総　括

　研究ごとの平均値を用いて類型化を行う方法は，主張性に関する同様の研究（柴橋，2001b）でも採用されており，類型の傾向性を把握する上で非常に有用である。現時点では研究知見が十分でなく，明確な分類基準点を設けるに至っていないが，値はグループの構成員の特性や，調査学級の特徴，学年等によっても左右され得る。よって例え同一得点であっても，研究によって類型が異なる可能性もある。トレーニングの事前・事後の効果測定などで用いることを踏まえ，データを蓄積する中で一定の分類基準についても検討していく必要があろう。

（2）類型の特徴（男子）

　各群の特徴的な点を簡略にまとめる。

　「両低」群は，評価懸念や関係性攻撃といった特性は低いが，心理社会的適応はおしなべて低かった。具体的には，自尊感情，承認感，仲間指名，教師評定が低く，被侵害感とストレス反応が高かった。また主張行動は「感謝」，「断り」といった簡潔な表現が多かった。

　「表明優位」群は，評価懸念が「両低」群に次いで低く，承認感と問題解決コーピングは低いが，それ以外の心理社会的適応は中程度であった。また主張の際の「理由説明」行動が少なかった。

　「配慮優位」群は対人不安傾向と関係性攻撃が高く，自己報告での心理社会的適応は中程度であった。また教師評価は「両低」群に次いで低かった。

　「両高」群は，対人不安傾向が低く，心理社会的適応はおしなべて高かった。具体的には自尊感情，承認感，仲間指名，教師評定，問題解決コーピングが高く，被侵害感とストレス反応が低かった。また主張行動は「向社会的」，「関係維持」といった友好的に自分の意見を伝える行動が多かった。

　これらを踏まえると「両高」群が最も適応状況が高く「両低」群が最も適応状況は低いことが示された。

　「表明優位」群と「配慮優位」群を比較すると，適応状況に大きな差は見

られなかった。しかし「配慮優位」群は攻撃性や対人不安傾向が高く，その後の精神的不健康状態につながりやすい可能性も考えられる。「配慮優位」群のように不安傾向が高い児童は，決まりや約束を守り，危険を冒すことがほとんどないため周りの大人からは問題のない児童と評価される可能性が指摘されている（石川・大田・坂野，2003）。しかし，本研究では教師から適応状況を低く評定されている点から，日常場面で何らかの不適応的兆候が生じていることも考えられる。

　また「配慮優位」群での自己表明の少なさには，不安によって適切な主張が出来ない，自己表明の代わりに関係性攻撃で表出する，といった不適応的な背景も推察され得る。

　一方で同じく自己表明の低い「両低」群では，こうした対人不安傾向や攻撃性は低かった。よってこの群における自己表明の低さは，スキルや知識の不足，対人関与への意欲の低さ，自尊感情の低さなどの影響が考えられよう。

（3）類型の特徴（女子）

　各群の特徴的な点を簡略にまとめる。「両低」群は対人不安傾向と不表出性攻撃が高く，心理社会的適応はおしなべて低かった。具体的には自尊感情，承認感，仲間指名，教師評定，問題解決コーピングとサポート希求コーピングが低く，被侵害感とストレス反応が高かった。また主張行動は「感謝」，「断り」といった簡潔な表現が多かった。

　「表明優位」群は情動回避と不表出性攻撃が低く，心理社会的適応はネガティブ指標得点の低さが多くみられた。具体的には被侵害感とストレス反応が低かった。その他では教師評定が高く，問題解決コーピングとサポート希求コーピングが低かった。また主張の際の「理由説明」行動が少なかった。

　「配慮優位」群は情動的反応がやや高く，心理社会的適応はポジティブ指標得点の高さが多くみられた。具体的には承認感，教師評定，仲間指名が高かった。その他には情動的回避コーピングが高い傾向にあった。

126　第3部　総　括

「両高」群は，対人不安傾向と不表出性攻撃が低く，心理社会的適応はおしなべて高かった。具体的には，自尊感情，承認感，教師評定，問題解決コーピング，サポート希求コーピングが高く，被侵害感，ストレス反応，情動的回避コーピングが低かった。また主張行動は「向社会的」，「関係維持」といった友好的に自分の意見を伝える行動が多かった。

これらを踏まえると，男子と同様に「両高」群が最も適応状況が高く「両低」群が最も適応状況は低いことが示された。また「表明優位」群は対人不安傾向と攻撃性が低く，被侵害やストレス反応が少ないという点で，「配慮優位」群は承認感や周囲からの評価が高いという点で，それぞれに適応しているといえよう。

さらに，男子と大きく異なった点を挙げる。まず女子の「両低」群では対人不安傾向と不表出性攻撃性の高さが見られた。よってこの群の自己表明と他者配慮の低さは，対人関係での不安や怒りが表出されず敵意的攻撃性として鬱積し，他者配慮の感情が育ちにくいといった影響も考えられる。

また「表明優位」群では総じてネガティブな指標が低かった。よってこの群は積極的に承認されるわけではないが，自己表明の高さによって自己の権利を守り，侵害されにくいといった特徴があることが示唆された。

「配慮優位」群の場合は対人不安傾向や攻撃性は中程度であり，男子の「配慮優位」群とは心理的特徴が異なった。また外的適応に関するポジティブな指標は「両高」群と同程度の適応の良さを示している。先にも述べたように，女子の仲間関係では，親和的なあり方が求められるため (Champbell & Tara, 2004)，他者配慮の高さが仲間からの承認に有効に働くことが考えられる。

以上，主張性の各類型とそれぞれの特徴を踏まえた実践への示唆を述べた。

3．介入への示唆について

主張性は「対人トラブルの予防や解決に役立つだけでなく，コミュニケー

ションを円滑にし，対人適応を高めるなどに役立つ（渡部・稲川，2002）」という前提のもとで実践活動が行われているが，本論文において他者配慮と自己表明の2側面が高い「両高」群でおしなべて心理社会的適応が高いという結果が得られた。このことから，「自己も相手も大切にした自己表現」である主張性の効果と実践的介入の意義を，裏付ける結果となった。

　介入に際し，単に主張性の2側面の促進を目指せばよいのではなく，特に他者配慮については自己表明とのバランスが必要であろう。例えば渡部（2009a）では，他者配慮ばかりが高いとかえって精神的不適応をもたらすため，過剰にならないように注意が必要としている。よって他者への配慮が多すぎて自己表明が少ない場合には，上記を注意喚起する必要があるだろう。

　また本研究では，主張性の程度によって主張行動内容に差がみられ，主張性の2側面が高い児童は，より複雑で他者を配慮した主張行動内容が可能であった。よって配慮的な主張行動が難しい児童に対しては，まずは平易で基本的な内容を身につけさせることからスタートし，段階的に他者や関係性への配慮的意味合いをもつ行動レパートリーを教えるといった工夫も考えられよう。

　なお主張における他者配慮を高める手段の一つとして，他者の気持ちや立場を理解するための能力である役割（視点）取得能力（Selman et al., 1986）へのアプローチが有効と考えられる。この能力の発達には個人差があり，小学校高学年の児童では，「主観的段階（レベル1：6－7歳）」から，他者の視点に立って自己内省が可能な「2人称相応的段階（レベル2：8－12歳）」へと移行中もしくは移行完了した者や，第3者的視点から自他を客観的に捉えることができる「3人称的段階（レベル3：12－14歳）」にある者まで様々であろう。例えばレベル3の段階にある児童は，相手との2者関係でなく，状況や場を読むといった配慮も可能になると考えられる。こうした能力の差異が他者配慮の個人差にも影響を与えると考えられる。よって他者の立場や第3者的視点から考えさせるようなワークなどを導入することで，役割取得能力

128　第3部　総　括

および他者配慮の促進にも寄与することが考えられる。

　なお介入には男女差の考慮も重要であろう。特に他者配慮が優位な場合，男子では不適応的傾向が見られた一方で，女子では外的適応の高さと関連しており，他者配慮の果たす機能が異なることが示唆された。よって男子では他者配慮のみを強調しすぎることに留意し，女子では男子よりも他者配慮を重視した介入が適しているだろう。

第3節　本研究の意義

　ここでは，本研究の意義について簡潔に列挙する。

　これまで国外の研究では「empathic-assertive（Kern, 1982）」や「assertion plus extra consideration（Woolfolk & Dever,1979）」のように，他者への配慮は自己表明に付随する1要素として捉えられてきたが，他者配慮がコミュニケーションの中で重要視されている日本において，他者配慮を主張性の主軸として打ち出して検討を行ったことは，日本文化に根差した主張行動を考える上で，意義があるだろう。

　また小学校高学年は認知発達の途上にあり，他者の視点に立って自分の思考や行動が内省可能になる年齢段階（Selman et al., 1986）であるが，その能力には個人差があり，一般的には女子が男子に比べて発達が早いとされている。本研究の結果から4－6年生の年齢段階では，相手の視点に立って他者配慮を行うことが十分可能であり，またその程度には個人差，男女差があることが実証的に確認された。

　またこの分野の信頼性と妥当性が確認された児童用尺度が存在しなかったことを考えると，本研究の意義は大きいといえる。

　さらに本尺度と自己表明尺度との2軸で主張性を検討することで，自己表明と他者配慮が異なる働きを持つことが明らかとなった。これにより児童の主張性と心理社会的適応および主張行動や認知的過程との関連について新たな知見を得ることが可能となった。

主張性を類型化することで，各類型の特徴や男女差が示されたことも，より効果的な主張性教育やトレーニングといった実践活動を議論する際の一助となることが考えられよう。

第4節　本研究における限界点と今後の課題

第3節に挙げたように有意義な知見が複数得られたが，その一方で本研究から示唆できる知見には，いくつかの限界点が存在する。本節では，その限界点と今後の課題について述べる。

第1は，対象の問題である。本研究で得られた結果は，小学4－6年生から得られたデータを基にしたものである。したがって，今回得られた知見が児童期後期に特有のものであるか，異なる発達段階においても認められる現象であるかを比較することができない。よって児童のみでなく，より広範囲な年齢層に対して検討を行う必要があろう。

第2は，測定上の限界についてである。本研究では主質問紙上での自己報告をもとに検討を行ったが，実際の主張場面では表情やアイコンタクト，声の大きさなどの非言語的要因の影響も大きいことが考えられる。よって仲間とのやりとりの観察や，仮想場面を設定したロールプレイなどの方法からも検討を行うことで，児童の主張性を多角的に捉えることができるだろう。

第3は，実践との関連についてである。本研究では児童の他者配慮についてその様相と効果を詳細に検討したが，他者配慮の個人差に影響を与える要因については検討するに至らなかった。今後はどのような要因が他者配慮を促進・抑制するかを検討する必要があろう。また実践活動において他者配慮にアプローチすることの効果は検討されていない。渡部（2009a）の高校生を対象とした調査では，他者配慮が高すぎるとかえって孤独感が高いことも報告されており，自己表明とのバランスなども考慮が必要であろう。よって他者配慮に関する適切な教育方法やその効果についても，実証的検討を行い，児童の自己表現や対人コミュニケーションに役立つものとなるよう，発展さ

せていきたいと考える。

引 用 文 献

阿部真由美（2007）．大学生の友人関係におけるアサーション──「自己主張」と「他者受容」のバランス── 聖心女子大学大学院論集，*29*，196-177．

Alberti, R. E., & Emmons, M. L.（1990）. *Your perfect right: Assertiveness and equality in your life and relationships*. Eighth Edition. San Luis Obispo, CA: Impact.（菅沼憲治・ミラー・ハーシャル（訳）（1994）．自己主張トレーニング──人に操られず人を操らず── 東京図書）

荒井百合（2001）．児童の主張性と学校適応感について──友人評価による主張性と学校適応感との関連── 日本教育心理学会第43回大会発表論文集，356．

Avşar, F., & Alkaya, S. A.（2017）. The effectiveness of assertiveness training for school-aged children on bullying and assertiveness level. *Journal of Pediatric Nursing*, *36*, 186-190.

Baggs, K., & Spence, S. H.（1990）. Effectiveness of booster sessions in the maintenance and enhancement of treatment gains following assertion training? *Journal of Consulting and Clinical Psychology*, *58*, 845-854.

Campbell, L., & Tara, S. E.（2004）. A meta-analytic review of gender variations in children's language use: Talkativeness, affiliative speech, and assertive speech. *Developmental Psychology*, *40*, 993-1027.

Cook, D. J., & St. Lawrence, J. S.（1990）. Variations in presentation format: Effect on interpersonal evaluations of assertive and unassertive behavior. *Behavior Modification*, *14*, 21-36.

Crick, N. R & Dodge, K. A.（1994）. A review and reformulation of social information －Processing mechanisms in children's social adjustment. *Psychological Bulletin*, *115*, 74-101.

Crick, N. R., & Grotpeter, J. K.（1995）. Relational aggression, gender, and social-psychological adjustment. *Child development*, *66*, 710-722.

Davis, M. H.（1983）. Measuring individual differences in empathy: Evidence for a multidimensional approach. *Journal of Personality and Social Psychology*, *44*, 113-126.

Deluty, R. H.（1979）. Children's action tendency scale: A self-report measure of aggressiveness, assertiveness, and submissiveness in children. *Journal of Con-*

132 引 用 文 献

sulting and Clinical Psychology, 47, 1061-1071.

Deluty, R. H.（1981）. Adaptiveness of aggressive, assertive, and submissive behavior for children. *Journal of Clinical Child Psychology, 10*, 155-158.

Dodge, K. A.（1990）. *A information processing model of children's social adjustment. The 3rd workshop of international society for the study of behavioral development: Social and interpersonal cognition.* Tokyo.（中澤　潤（1992）. 社会的問題解決における情報処理過程と子どもの適応　千葉大学教育学部研究紀要, *40*, 263-290.）

江口めぐみ・濱口佳和（2009）. 児童の主張性と具体的主張行動との関連　筑波大学心理学研究, *37*, 69-75.

江口めぐみ・濱口佳和（2010）. 児童の主張における「他者配慮」尺度の作成および主張性の類型化の試み　カウンセリング研究, *42*, 256-266.

江口めぐみ・濱口佳和（2012）. 他者配慮の観点を含めた児童の主張性と内的・外的適応との関連　心理学研究, *83*, 141-147.

江口めぐみ・濱口佳和（2015）. 主張性と児童の内的・外的適応との因果関係──短期縦断的検討──　心理学研究, *86*, 191-199.

榎本淳子（2000）. 青年期の友人関係における欲求と感情・活動との関連　教育心理学研究, *48*, 444-453.

Ford, M. E.（1992）. Motivating humans: Goals, emotions, and personal agency beliefs. SAGE, Newbury Park.

Forman, S. G.（1980）. A comparison of cognitive training and response cost　procedures in modifying aggressive behavior of elementary school children. *Behavior Therapy, 11*, 594-600.

古市裕一（1995）. 児童用主張性検査の開発　こころの健康, *10*, 69-76.

古市裕一・乗金恵子・原田雅寿（1991）. 主張性検査の開発（Ⅰ）　岡山大学教育学部研究集録, *86*, 33-43.

古市裕一・小畑眞己（1995a）. 主張性と適応（Ⅰ）──主張的行動の好感度についての評価──　日本教育心理学会第37回総会発表論文集, 263.

古市裕一・小畑眞己（1995b）. 主張性と適応（Ⅱ）──主張性と内面的適応感との関連──　日本教育心理学会第37回総会発表論文集, 264.

藤村一夫・苅間澤勇人・河村茂雄（1999）. 学級生活満足度と主張性の関係　日本教育心理学会第41回総会発表論文集, 666.

濱口佳和（1994a）. 児童用主張性尺度の構成　教育心理学研究, *42*, 463-470.

引 用 文 献　　133

濱口佳和（1994b）．被害者児童の人格的要因（主張性，愛他性，攻撃性）がその社会的情報処理と応答的行動に及ぼす効果の検討――仲間による挑発場面について―― 教育相談研究, *32*, 45-61.

濱口佳和（2004）．挑発場面における児童の社会的コンピテンス　風間書房

濱口佳和・江口めぐみ（2009）．児童の主張行動と仲間関係の適応との関連――アサーションは本当に児童の仲間関係の適応に役立つのか？―― カウンセリング研究, *42*, 60-70.

Harris, T. L., Brown, N. W. (1979). Congruent validity of the rathus assertiveness schedule. *Educational and Psychological Measurement, 39*, 181-186.

平木典子（1993）．アサーショントレーニング――さわやかな自己表現のために――　日本精神技術研究所

堀野　緑・濱口佳和・宮下一博（編著）（2000）．子どものパーソナリティと社会性の発達　北大路書房

Hull, D. B., & Schroeder, H. E. (1979). Some interpersonal effects of assertion, non-assertion, and aggression. *Behavior Therapy, 10*, 20-28.

五十嵐哲也・萩原久子（2009）．中学生の一学年間における不登校傾向の変化と学級適応感との関連　愛知教育大学教育実践総合センター紀要, *12*, 335-342.

石川信一・大田亮介・坂野雄二（2003）．児童の不安障害傾向と主観的学校不適応の関連　カウンセリング研究, *36*, 264-271.

石川信一・山下朋子・佐藤正二（2007）．児童生徒の社会的スキルに関する縦断的研究　カウンセリング研究, *40*, 38-50.

虎杖真智子（2013）.アサーショントレーニングが児童の自尊感情に及ぼす効果について　大阪総合保育大学紀要, *7*, 199-216.

伊藤弥生（1998）．アサーティブ・マインド・スケール（Assertive Mind Scale）作成の試み　人間性心理学研究, *16*, 212-219.

姜　信善（1999）．社会的の地位による幼児の仲間に対するコミュニケーション・スキルの差異――エントリー及びホスト場面からの検討―― 教育心理学研究, *47*, 440-450.

亀村愛美・小林小夜子（2012）.小学生の友人関係と学校適応に関する縦断研究Ⅱ　日本教育心理学会総会発表論文集, *54*, 151.

Kaufman, G., Raphael, L., & Espeland, P. (1999). Stick up for yourself!: Every kid's guide to personal power and positive self-esteem. Minneapolis: Free Spirit Publishing.

134　引 用 文 献

河村茂雄・田上不二夫（1997）．いじめ被害・学級不適応児童発見尺度の作成　カウ
　　ンセリング研究，*30*，112-120.

川島一夫（1991）．愛他行動における認知機能の役割──その状況要因と個人内要因
　　の検討──　風間書房

Kelly, J. A., Kern, J. M., Kirkley, B. G., Patterson, J. N., & Keane, T. M. (1980). Reac-
　　tions to assertive versus unassertive behavior: Differential effects for males
　　and females and implications for assertiveness training. *Behavior Therapy, 11*,
　　670-682.

Kern, J. M. (1982). Predicting the impact of assertive, empathic-assertive, and non-
　　assertive behavior: The assertiveness of the assertee. *Behavior Therapy, 13*,
　　486-498.

北村晴朗（1967）．適応の心理　誠信書房

久木山健一（2005）．青年期の社会的スキルの生起過程に関する研究──アサーショ
　　ンの社会的情報処理に着目して──　カウンセリング研究，*38*，195-205.

Lange, A. J. & Jakubowski, P. (1976). Responsible assertive behavior: Cognitive, be-
　　havioral procedures for trainers. Champaign, Illinois: research Press.

Lazarus, R. S. & Folkman, S. (1984). *Stress, appraisal, and coping.* New York:
　　Springer.（ラザルス，R. S. & フォルクマン，S.（著）本明　寛・春木　豊・織田
　　正美（監訳）（1991）．ストレスの心理学──認知的評価と対処の研究──　実務
　　教育出版）

Lorr, M., & More, W. (1980). Four dimensions of assertiveness. *Multivariate Behav-
　　ioral Research, 15*, 127-138.

Lowe, M. R., & Storm, M. A. (1986). Being assertive or being liked: A genuine di-
　　lemma? *Behavior Modification, 10*, 371-390.

Maccoby, E. (1990). Gender and relationships: A developmental account. *American
　　Psychologist, 45*, 513-520.

前田健一（1995）．児童期の仲間関係と孤独感──攻撃性，引っ込み思案および社会
　　的コンピタンスに関する仲間知覚と自己知覚──　教育心理学研究，*43*，156-
　　166.

Markus, H. R., & Kitayama, S. (1991). Culture and the self: Implications for cogni-
　　tion, emotion, and motivation. *Psychological Review, 98*, 224-253.

松尾直博・新井邦二郎（1997）．感情と目標が児童の社会的行動の選択に及ぼす影響
　　教育心理学研究，*45*，303-311.

松尾直博・新井邦二郎（1998）．児童の対人不安傾向と公的自己意識，対人的自己効力感との関係　教育心理学研究，*46*，21-30.

松澤裕子・内田智美・高橋知音（2009）．児童の自己主張行動について（2）——児童の自己主張行動アセスメントに基づいたアサーショントレーニング介入の効果——　日本教育心理学会第51回総会発表論文集，594.

Mayeux, L., Underwood, M. K., & Risser, S. D. (2007). Perspectives on the ethics of sociometric research with children. *Merrill-Palmer Quarterly, 53*, 53-78.

Michelson, L., & Wood, R. (1982). Development and psychometric properties of the Children's assertive behavior scale. *Journal of Psychopathology and Behavioral Assessment, 4*, 3-13.

Michelson, L., Sugai, D. P., Wood, R. P., Kazdin, A. E. (1983). *Social skills assessment and training with children: An empirically based handbook.* New York: Plenum Publishing.（高山巌・佐藤正二・佐藤容子・園田順一（訳）（1992）．子どもの対人行動——社会的スキル訓練の実際——　岩崎学術出版社）

Milner, J. S. (2000). Social information processing and child physical abuse: Theory and research. In D. J. Hansen (Ed.) *Nebraska symposium on motivation, 46*, 39-84.

満野史子・三浦香苗（2010）．大学生の思いやり行動躊躇と対人関係特性の関連　昭和女子大学生活心理研究所紀要，*12*，75-85.

三浦正江・上里一郎（2002）．中学生の友人関係における心理的ストレスモデルの構成　健康心理学研究，*15*，1-9.

三浦正江・坂野雄二（1996）．中学生における心理的ストレスの継時的変化　教育心理学研究，*44*，368-378.

用松敏子・坂中正義（2004）．日本におけるアサーション研究に関する展望　福岡大学紀要，*53*，219-226.

本明　寛・久米　稔・織田正美（1987）．本明・ギルフォード性格検査（小学生用）手引き　日本図書文化協会

村上宣寛・福光　隆（2005）．問題攻撃性尺度の基準関連的構成とアサーション・トレーニングによる治療的介入　パーソナリティ研究，*13*，170-182.

武蔵由佳・箭本佳己・品田笑子・河村茂雄（2012）．大学生における学校生活満足感と精神的健康との関連の検討　カウンセリング研究，*45*，165-174.

長根光男（1991）．学校生活における児童の心理的ストレスの分析——小学4，5，6年生を対象にして　教育心理学研究——*39*，182-185.

内閣府共生社会政策（2013）．平成26年版子ども・若者白書 http://www8.cao.go.jp/youth/whitepaper/h26honpen/pdf_index.html（2013年6月）

中里至正・松井 洋（編）（1997）．異質な日本の若者たち——世界の中高生の思いやり意識—— ブレーン出版

大渕憲一・堀毛一也（編）（1996）．パーソナリティと対人行動 誠信書房．

岡田悠子（2013）．幼児期から青年期にかけての攻撃性と社会性 日本女子大学大学院人間社会研究科紀要, *19*, 199-214.

岡田有司（2012）．学校生活の諸領域に対する適応と重要度認知の因果関係：交差遅延効果モデルによる検討 パーソナリティ研究, *21*, 186-189.

奥野誠一・小林正幸（2005）．小中学生版/相互独立性・相互協調性尺度の作成——信頼性および妥当性の検討—— 東京学芸大学教育実践研究支援センター紀要, *1*, 3-12.

太田玲子・嶋田洋徳・神村栄一（1999）．小学生における主張訓練のストレス反応軽減効果 日本行動療法学会大会発表論文集, *25*, 96-97.

大竹恵子・島井哲志・嶋田洋徳（1998）．小学生のコーピング方略の実態と役割 健康心理学研究, *11*, 37-47.

尾崎喜光（2006）．依頼・勧めに対する断りにおける配慮の表現 国立国語研究所（著）言語行動における「配慮」の諸相 くろしお出版．

Pentz, M. A., & Kazdin, A. E. (1982). Assertion modeling and stimuli effects on assertive behavior and self-efficacy in adolescents. *Behaviour Research and Therapy, 20*, 365-371.

Richmond, V. P., & McCroskey, J. C. (1992). Communication: Apprehension, avoidance, and effectiveness (3rd ed.). Scottsdale: Gorsuch Scarisbrick.

坂井明子・山崎勝之（2004）．小学生用P-R攻撃性質問紙の作成と信頼性，妥当性の検討 心理学研究, *75*, 254-261.

坂田瑞樹・松田英子（2016）．大学生の主張行動および対人ストレスコーピングが友人満足感に及ぼす影響 江戸川大学紀要, *26*, 51-58.

桜井茂男（1986）．児童における共感と向社会的行動の関係 教育心理学研究, *34*, 342-346.

桜井茂男（1988）．大学生における共感と援助行動の関係——多次元共感測定尺度を用いて—— 奈良教育大学紀要, *37*, 149-154.

桜井茂男（1992）．小学校高学年生における自己意識の検討 実験社会心理学研究, *32*, 85-94.

Sanz de Acedo Lizarraga, M. L., Ugarte, M. D., Cardelle-Elawar, M., Iriarte, M. D., Sanz de Acedo Baquedano, M. T. (2003). Enhancement of self-regulation, assertiveness, and Empathy. *Learning and Instruction, 13*, 423-439.

関口奈保美・三浦正江・岡安孝弘 (2011). 大学生におけるアサーションと対人ストレスの関連性――自己表現の3タイプに着目して―― ストレス科学研究, *26*, 40-47.

Selman, R., Beardslee, W., Schultz, L., Krupa, M., & Podorefsky, D. (1986). Assessing adolescent interpersonal negotiation strategies: Toward the integration of structural and functional models. *Developmental Psychology, 22*, 450-459.

扇子幸一・須貝京子・吉田耕一郎・伊藤則博 (2001). 小学生の学校ストレスと自己主張性 北海道教育大学紀要, *52*, 231-242.

柴橋祐子 (1998). 思春期の友人関係におけるアサーション能力育成の意義と主張性尺度研究の課題について カウンセリング研究, *31*, 19-26.

柴橋祐子 (2001a). 青年期の友人関係における自己表明と他者の表明を望む気持ち 発達心理学研究, *12*, 123-134.

柴橋祐子 (2001b). 中・高校生の友人関係の中での主張性のあり方――4類型の心理的背景の比較―― 日本発達心理学会第12回大会発表論文集, *24*.

嶋田洋徳・戸ヶ崎泰子・坂野雄二 (1994). 小学生用ストレス反応尺度の開発 健康心理学研究, *7*, 46-58.

嶋田洋徳 (1998). 小中学生の心理的ストレスと学校不適応に関する研究 風間書房

塩見邦雄・伊達美和・中田栄・橋本秀美 (2003). 中学生のアサーションについての研究――自尊感情との関連を中心にして―― 兵庫教育大学研究紀要 (学校教育・幼年教育・教育臨床・障害児教育), *23*, 69-80.

首藤敏元 (1987). 児童における共感性と愛他性――自己評価と他者評価の指標を用いて―― 上越教育大学研究紀要第1分冊 (学校教育, 幼児教育, 障害児教育), *6*, 121-132.

曽我祥子 (1999). 小学生用5因子性格検査 (FFPC) の標準化 心理学研究, *70*, 346-351.

園田雅代 (2002). クライエント中心療法から見るアサーション教育の効果――参加者の〈語り〉を手がかりに―― 創価大学教育学部論集, *53*, 17-38.

園田雅代・中釜洋子 (2000). 子どものためのアサーショングループワーク――自分も相手も大切にする学級作り―― 日本精神技術研究所

高木真理子 (2001). ASSERTIVE 行動と日本的社会通念の関連 人間文化研究年報,

25, 9-15.

玉瀬耕治・越智敏洋・才能千景・石川昌代（2001）．青年用アサーション尺度の作成と信頼性および妥当性の検討　奈良教育大学紀要, *50*, 221-232.

田中輝美（2001）．怒りの表出傾向と主張性に関する研究　日本教育心理学会第43回総会発表論文集, 34.

寺田忠司・新井　肇（2007）．学級集団に対するアサーション・トレーニングのストレス軽減効果に関する研究　生徒指導研究, *19*, 14-24.

登張真稲（2003）．青年期の共感性の発達――多次元的視点による検討――　発達心理学研究, *14*, 136-148.

外山美樹・伊藤正哉（2001）．児童における社会的比較の様態（2）――パーソナリティ要因の影響――　筑波大学発達臨床心理学研究, *13*, 53-61.

内田由紀子・北山　忍（2001）．思いやり尺度の作成と妥当性の検討　心理学研究, *72*, 275-282.

渡部麻美（2008a）．高校生における主張性と対友人行動，対人ストレスイベント，対人不安との関連　日本教育心理学会総会発表論文集, *50*, 158.

渡部麻美（2008b）．4要件理論に基づく主張性と社会的情報処理および精神的適応との関連パーソナリティ研究, *16*, 185-197.

渡部麻美（2009a）．反社会的行動予防策としての高校生向け主張性トレーニングの開発　社会安全, *72*, 27-36.

渡部麻美（2009b）．高校生における主張性の4要件と精神的適応との関連　心理学研究, *80*, 48-53.

渡部麻美・相川　充（2004）．会話における主張発言と同調発言の組み合わせが対人魅力に及ぼす効果　東京学芸大学紀要, *55*, 65-73.

渡部麻美・松井　豊（2006）．主張性の4要件理論に基づく尺度の作成　筑波大学心理学研究, *32*, 39-47.

渡部玲二郎・稲川洋美（2002）．児童用自己表現尺度の作成，および認知的変数と情緒的変数が自己表現に及ぼす影響について　カウンセリング研究, *35*, 198-207.

Woolfolk, R. L., & Dever, S. (1979). Perceptions of assertion: An empirical analysis. *Behavior Therapy*, *10*, 404-411.

矢嶋亜暁子・土肥夕美子・坂野雄二（1994）．大学生用主張性尺度の作成の試み　ヒューマンサイエンスリサーチ, *3*, 91-106.

吉武久美子（1991）．ひくことが持つ優位性――自己主張と対人関係円滑化を両立させるための対人的コミュニケーション方略――　心理学研究, *62*, 229-234.

Zane, N. W. S., Sue, S., Hu, L., & Kwon, J. (1991). Asian-American assertion: A social learning analysis of cultural differences. *Journal of Counseling Psychology,* *38*, 63-70.

謝　辞

　本著は平成30年に筑波大学大学院人間総合科学研究科で博士（心理学）号を取得した学位論文「主張における他者配慮に関する発達心理学的検討」を1冊の本としてまとめたものです。

　執筆にあたり，数え切れないほど多くの方々のご指導，ご助言を賜り，完成に至ることができました。

　ヒューマン・ケア科学専攻の濱口佳和教授には，指導教官として本研究の実施の機会を与えて戴き，その遂行，執筆にあたって長きに渡りご指導を戴きました。また研究者としての姿勢，臨床家としての在り方も教えて戴きました。心より感謝致します。

　同専攻の沢宮容子教授，水野智美准教授，心理学専攻の湯川進太郎准教授には副査としてご助言を戴くとともに，本論文の細部にわたりご指導を戴きました。深く感謝致します。

　筑波大学大学院の発達心理学研究会では，東京成徳大学学長の新井邦二郎教授，元筑波大学心理学専攻の桜井茂男教授，法政大学現代福祉学部の服部環教授，茨城県立医療大学人間科学センターの佐藤　純教授に沢山の貴重なご意見を戴き，感謝致します。

　修士論文および博士論文構想発表会では，放送大学大学院の小川俊樹客員教授，ヒューマン・ケア科学専攻の杉江　征教授，望月　聡講師より多角的視座からのご指導を戴き，お礼申し上げます。

　大学院の同期の皆さん，先輩後輩の皆さんには，研究面，精神面で支えて戴きました。本当にありがとうございました。

　立正大学心理学部の先生方，東京成徳大学の吉田富二雄先生には，働きながらの博士論文作成を支援，激励くださり，心よりお礼申し上げます。

調査にご協力いただいた小学生の皆さん，ご尽力くださった小学校の先生方にも深く感謝致します。

また本書は独立行政法人日本学術振興会令和元年度科学研究費助成事業（科学研究費補助金）（研究成果公開促進費　課題番号19HP5183）の助成を受け刊行されました。出版に際し，風間書房の風間敬子社長，斎藤宗親様に大変お世話になりました。

最後に，いつも私を励まし，温かく見守ってくれる家族に感謝します。

令和元年10月

江口（清水）めぐみ

資　　料

144 　資　料

資料1：【共通の質問項目】
①他者配慮尺度（研究1-2-研究7　共通）

次の文は，あなたのいつものようすに，どのくらいあてはまりますか？
一番あてはまるものを，1つえらんで，数字に○をつけてください。

	「よく，あてはまる＝5」，「少し，あてはまる＝4」，「どちらともいえない＝3」，「あまり，あてはまらない＝2」，「まったく，あてはまらない＝1」				
1	できないことを伝えるときは，相手をいやな気分にしないよう，言い方に気をつけている。	5	4	3	2	1
2	まとめ役をするときは，みんなの気持ちを考えるようにしている。	5	4	3	2	1
3	友だちのたのみを断るときは，相手が気持ちよくゆるしてくれるよう，気をつかっている。	5	4	3	2	1
4	自分のまちがいを認めなかったせいで，友だちをいやな気分にしないよう気をつけている。	5	4	3	2	1
5	相手の気持ちを考えて，話をえらんだり，かえたりしている。	5	4	3	2	1
6	友だちのたのみを断るときは，かわりに何かできないか，考えるようにしている。	5	4	3	2	1
7	友だちにしてほしいことを言うとき，それがわがままでないか考えるようにしている。	5	4	3	2	1
8	友だちに，めいわくなことをやめるように言うとき，その人がいやな気分にならないよう，気をつけている。	5	4	3	2	1
9	友だちと意見が合わないときも，どうすれば意見がまとまるか考えるようにしている。	5	4	3	2	1
10	リーダーの役をやるときは，みんながまとまるように気を配っている。	5	4	3	2	1
11	友だちへのほめことばは，本心から言うよう気をつけている。	5	4	3	2	1
12	人にお礼を言うときは，かんしゃの気持ちがしっかり伝わるよう心がけている。	5	4	3	2	1
13	友だちに何かたのむときは，「悪いね」など，気づかいの言葉をかけるようにしている。	5	4	3	2	1
14	相手のきげんを見て，話をつづけたり，終わらせたりしている。	5	4	3	2	1
15	友だちが自分の意見にさんせいしてくれなかったら，その理由を考えるようにしている。	5	4	3	2	1

資　料　145

| 16 | 友だちにたのみごとをするときは，いばって聞こえないように気をつけている。 | 5 | 4 | 3 | 2 | 1 |

146　資　料

②児童用主張性尺度（研究2-研究7　共通）

次の文は，あなたのいつものようすに，どのくらいあてはまりますか？
一番あてはまるものを，1つえらんで，数字に○をつけてください。

「はい＝4」，「どちらかといえば，はい＝3」， 「どちらかといえば，いいえ＝2」，「いいえ＝1」			
1　あなたは，おもちゃをかしてほしいと言われても，かしたくない時は，ことわれる。	4	3	2	1
2　あなたは，プレゼントをもらったら，はきはきとおれいが言える。	4	3	2	1
3　あなたは，友だちに遊びに行こうとさそわれても，行きたくない時にはことわれる。	4	3	2	1
4　あなたは，どうしていいかわからないことは，はずかしがらないで，友だちにそうだんする。	4	3	2	1
5　あなたは，友だちがよいことをしたら，いつも「えらいね」とほめてあげる。	4	3	2	1
6　あなたは，友だちがまちがったことを言っているときは，「それはちがうと思います」とはっきり言える。	4	3	2	1
7　あなたは，むずかしくて自分にできないことは，「できない」と言える。	4	3	2	1
8　あなたは，知らない人に道をきくのは，はずかしくてできない。	4	3	2	1
9　あなたは，買ったおもちゃがこわれていたら，店の人に，「別のにかえてください」と言える。	4	3	2	1
10　あなたは，なかよしの友だちから何かたのまれても，正しくないことは，ことわれる。	4	3	2	1
11　あなたは，自分の言ったことがまちがいだとわかっても，「ごめんなさい，まちがえちゃった」とすなおに言えない。	4	3	2	1
12　あなたは，むずかしくてわからないことを，先生にしつもんするのは，はずかしくてできない。	4	3	2	1
13　あなたは，とてもたいせつにしていたおもちゃを，友だちにこわされても，その友だちにもんくを言えない。	4	3	2	1
14　あなたは，やりたくないことでも，いじめっ子のたのみは，こわくてことわれない。	4	3	2	1
15　あなたは，先生が言ったことでも，へんだと思ったら，しつもんする。	4	3	2	1
16　あなたは，自分が知らないことをきかれても，「しらない」と言えない。	4	3	2	1

資　　料　　147

| 17 | あなたは，友だちをほめるのは，てれくさくてできない。 | 4 | 3 | 2 | 1 |
| 18 | あなたは，買い物をして，おつりが少ないことに気づいても，店の人に「おつりがたりません」と言えない。 | 4 | 3 | 2 | 1 |

148 　資　　料

資料２：【研究1-1　質問項目】
①他者配慮尺度（原版）

次の文に書いてあることは，あなたのいつものようすに，どのくらいあてはまりますか？
あなたに一番ぴったりのものを，１つだけえらんで，数字に○をつけてください。

> 「よく，あてはまる＝5」，「まあ，あてはまる＝4」，「どちらともいえない＝3」，
> 「あまり，あてはまらない＝2」，「まったく，あてはまらない＝1」

1	友だちにもんくを言うときは，その人がぜったいに傷つかないよう，気をつけている。	5	4	3	2	1
2	友だちのさそいを断るときは，相手の気持ちを考えて，あやまるようにしている。	5	4	3	2	1
3	友だちの意見に反対するときは，その人を怒らせないよう気をつけている。	5	4	3	2	1
4	人にお礼を言うのを忘れていないか，いつも気にしている。	5	4	3	2	1
5	友だちにたのみごとをするときは，いばって聞こえないように気をつけている。	5	4	3	2	1
6	できないことをできるふりをして，友だちにめいわくがかからないように気をつけている。	5	4	3	2	1
7	自分から楽しい話をして，その場のふんいきを良くしようとしている。	5	4	3	2	1
8	人に何か指示をするときは，えらそうにならないように気をつけている。	5	4	3	2	1
9	友だちにめいわくなことをやめるように言うとき，その人がいやな気分にならないよう，気をつけている。	5	4	3	2	1
10	友だちのたのみを断るときは，相手が気持ちよくゆるしてくれるよう，気をつかっている。	5	4	3	2	1
11	知らないことを知っているふりをして，友だちをだましてしまわないよう，気をつけている。	5	4	3	2	1

資　料　　149

		5	4	3	2	1
12	友だちを遊びにさそうとき，相手も楽しめるか考えるようにしている。	5	4	3	2	1
13	リーダーの役をやるときは，自分勝手にならないよう気をつけている。	5	4	3	2	1
14	友だちにもんくを言うとき，その人に言い分があるようなら，聞くようにしている。	5	4	3	2	1
15	友だちからの良くないさそいを断るときは，友だちにもそれをさせないように努力している。	5	4	3	2	1
16	話し合いのとき，自分の意見にこだわって，ほかの人の意見をよく聞いていない。	5	4	3	2	1
17	人にお礼を言うときは，かんしゃの気持ちがしっかり伝わるよう心がけている。	5	4	3	2	1
18	友だちに何かたのむときは，「悪いね」など，気づかいの言葉をかけるようにしている。	5	4	3	2	1
19	まちがって教えたことをとりけさなかったせいで，人を困らせたりしないよう気をつけている。	5	4	3	2	1
20	友だちとおしゃべりするときは，楽しいふんいきをこわさないよう気をつけている。	5	4	3	2	1
21	グループで仕事をするときは，みんなが仕事をしやすいよう，考えるようにしている。	5	4	3	2	1
22	友だちにしてほしいことを言うとき，それがわがままでないか考えるようにしている。	5	4	3	2	1
23	人のたのみを断るときは，自分がして当たり前のことを断っていないか，気をつけている。	5	4	3	2	1
24	友だちと意見が合わないときも，どうすれば意見がまとまるか考えるようにしている。	5	4	3	2	1

150 資料

> 「よく、あてはまる＝5」、「まあ、あてはまる＝4」、「どちらともいえない＝3」、
> 「あまり、あてはまらない＝2」、「まったく、あてはまらない＝1」

25	友だちが何かいいことをしたら、すぐに気がつくように心がけている。	5	4	3	2	1
26	人に何かたのむときは、相手の都合も考えるようにしている。	5	4	3	2	1
27	人からたのまれたことは、自分にできるか考えてから返事をするよう心がけている。	5	4	3	2	1
28	友だちとおしゃべりしているとき、自分ばかりしゃべらないよう気をつけている。	5	4	3	2	1
29	仕事のしかたを人に説明するときは、相手にわかりやすいよう、気をつけている。	5	4	3	2	1
30	友だちにもんくを言うときは、いじわるな言い方にならないように気をつけている。	5	4	3	2	1
31	人のたのみを断るときは、相手にめいわくをかけないか、よく考えてからにしている。	5	4	3	2	1
32	友だちが自分の意見にさんせいしてくれなかったら、その理由を考えるようにしている。	5	4	3	2	1
33	友だちへのほめことばは、本心から言うよう気をつけている。	5	4	3	2	1
34	友だちがたのみごとを聞いてくれなかったら、聞いてくれるまであきらめない。	5	4	3	2	1
35	正しいかどうか確めてから、友だちに何か教えるようにしている。	5	4	3	2	1
36	相手のきもちを考えて、話をえらんだり、かえたりしている。	5	4	3	2	1
37	話し合いをまとめるときは、みんなの意見を聞くようにしている。	5	4	3	2	1

資　料　　151

38	友だちのたのみを断るときは，かわりの方法をていあんできないか，考えるようにしている。	5	4	3	2	1
39	まちがいを認めなかったせいで，友だちをいやな気分にしないよう気をつけている。	5	4	3	2	1
40	相手のきげんを見て，話をつづけたり，終わらせたりしている。	5	4	3	2	1
41	リーダーの役をやるときは，みんながまとまるように気を配っている。	5	4	3	2	1
42	友だちに注意をするときは，相手をせめる言い方にならないよう，気をつけている。	5	4	3	2	1
43	友だちのたのみを断るときは，かわりに何かできないか，考えるようにしている。	5	4	3	2	1
44	友だちの意見が自分とちがっていても，ダメだと決めつけないようにしている。	5	4	3	2	1
45	友だちのいいところは，自分からさがすよういつも気にかけている。	5	4	3	2	1
46	友達に何かたのむときは，自分かってなおねがいをしていないか，いつも気をつけている。	5	4	3	2	1
47	できないことを伝えるときは，相手をいやな気分にしないよう，言い方に気をつけている。	5	4	3	2	1
48	まとめ役をするときは，みんなの気持ちを考えるようにしている。	5	4	3	2	1

152　資　料

② M-G 性格検査小学校用（虚構尺度）

次に書かれていることは，あなたのいつものようすと，あっていますか？
それぞれについて，「はい＝1」，「いいえ＝0」のどちらかに○をつけてください。

「はい＝1」，「いいえ＝0」

1	きらいな人が，しっぱいしたとき，「いいきみだ。」と思ったことがありますか。	1	0
2	友だちとのやくそくを，まもらなかったことがありますか。	1	0
3	計画を立てたら，必ずそのとおりに，やり通しますか。	1	0
4	しかられたことが，ありますか。	1	0
5	いままでに，うちの人や友だちに，うそをついたことが，ありますか。	1	0
6	「あの人は，きらいだ。」と思ったことがありますか。	1	0
7	学校へ行くとき，わすれものをしたことが，ありますか。	1	0
8	ほかの人のわる口を，言いたくなったことが，ありますか。	1	0
9	だれも見ていないと，ぎょうぎがわるくなりますか。	1	0
10	学校のきまりを，守らなかったことがありますか。	1	0

資　料　　153

資料3：【研究1-2　質問項目】
①児童用主張性尺度（短縮版）

次の文は，あなたのいつものようすに，どのくらいあてはまりますか？
あなたに一番ぴったりのものを１つえらんで，数字に○をつけてください。

「はい＝4」，「どちらかといえば，はい＝3」，「どちらかといえば，いいえ＝2」，「いいえ＝1」

1	あなたは，おもちゃをかしてほしいと言われても，かしたくない時は，ことわれる。	1	2	3	4
2	あなたは，友だちがまちがったことを言っているときは，「それはちがうと思います」とはっきり言える。	1	2	3	4
3	あなたは，買ったおもちゃがこわれていたら，店の人に，「別のにかえてください」と言える。	1	2	3	4
4	あなたは，なかよしの友だちから何かたのまれても，正しくないことは，ことわれる。	1	2	3	4
5	あなたは，自分の言ったことがまちがいだとわかっても，「ごめんなさい，まちがえちゃった」とすなおに言えない。	1	2	3	4
6	あなたは，むずかしくてわからないことを，せんせいにしつもんするのは，はずかしくてできない。	1	2	3	4
7	あなたは，やりたくないことでも，いじめっ子のたのみは，こわくてことわれない。	1	2	3	4
8	あなたは，先生が言ったことでも，へんだと思ったら，しつもんする。	1	2	3	4
9	あなたは，友だちをほめるのは，てれくさくてできない。	1	2	3	4
10	あなたは，買い物をして，おつりが少ないことに気づいても，店の人に「おつりがたりません」と言えない。	1	2	3	4

154　資　料

②児童用共感性尺度（短縮版）

次の文は，あなたのいつものようすに，どのくらいあてはまりますか？
あなたに一番ぴったりのものを１つえらんで，数字に○をつけてください。

> 「はい＝5」，「どちらかといえば，はい＝4」，「どちらともいえない＝3」，
> 「どちらかといえば，いいえ＝2」，「いいえ＝1」

1	たとえ自分はプレゼントをもらわなくても，ほかの人がもらったプレゼントを開くのを見ていると，楽しくなります。	1	2	3	4	5
2	泣いている子を見ると，自分までなんだか悲しい気持ちになります。	1	2	3	4	5
3	悲しいドラマ（げき）を見ていると，つい泣いてしまうことがあります。	1	2	3	4	5
4	とても悲しい気持ちにするような歌があります。	1	2	3	4	5
5	犬やねこを人間と同じようにかわいがる人の気持ちは，わかりません。	1	2	3	4	5
6	友だちがいない子は，友達がほしくないのだと思います。	1	2	3	4	5
7	悲しい物語や映画を見て，泣くようなことはありません。	1	2	3	4	5
8	おやつを食べているとき，そばにいる子がほしそうにしていても，自分でぜんぶたべてしまうことができます。	1	2	3	4	5
9	きまりをやぶって先生にしかられている友だちを見ても，かわいそうとは思いません。	1	2	3	4	5

資　料　　155

③小学生用５因子性格検査（外向性因子尺度）

次に書かれていることは，ふだんのあなたのようすとあっていますか？
あなたに一番ぴったりのものを１つえらんで，数字に○をつけてください。

「はい＝１」，「いいえ＝２」「？（わからない）＝３」

1	目だちたがりやである。	1	2	3
2	じっとしているのがきらいだ。	1	2	3
3	気が短い。	1	2	3
4	いたずらをされるとだまっておれない。	1	2	3
5	よく考えずになんでもやってしまう。	1	2	3
6	じょうだんを言ったりふざけたりすることはあまりない。	1	2	3
7	あまり かっとならない。	1	2	3
8	おとなしい方だ。	1	2	3

④主張行動（自由記述）

下のおはなしを読んで，あとのしつもんに答えてください。

あなたは友だちに「ほうかご，あそびに行こう」とさそわれました。
でもあなたは「今日は，行きたくないな」と思っています。

ふだんのあなたなら，こんな時何と言いますか？
さいしょに思いついたセリフをふきだしの中に書いてください。

セリフ（なにも言わないときは，「なにも言わない」と書いてください。）

156　　資　料

資料4：【研究2　質問項目】
①小学生用P–R攻撃性質問紙

次の文に書いてあることは，あなたのいつものようすに，どのくらいあてはまりますか？

> 「とてもよく，あてはまる = 4」，「よく，あてはまる = 3」
> 「あまり，あてはまらない = 2」，「まったく，あてはまらない = 1」

上の数字から，あなたに一番ぴったりのものを1つだけえらんで，○をつけてください。

1	すぐにけんかしてしまう。	4	3	2	1
2	友だちには，いじわるな人も多い。	4	3	2	1
3	いつもみんなでいっしょに帰るのに，わざとだれかをおいて先に帰ったことがある。	4	3	2	1
4	すぐおこるほうだ。	4	3	2	1
5	わたしがいないときのほうがみんな楽しそうだ。	4	3	2	1
6	遊ぶときや班を作るとき，気に入らない友達は仲間に入れたくない。	4	3	2	1
7	からかわれたら，たたいたり，けったりするかもしれない。	4	3	2	1
8	その子がみんなからきらわれるようなうわさ話をしたことがある。	4	3	2	1
9	友だちにばかにされているかもしれない。	4	3	2	1
10	だれかを仲間はずれにしたことがある。	4	3	2	1
11	じゃまをする人がいたら，文句を言う。	4	3	2	1
12	わたしの悪口を言う人が多いと思う。	4	3	2	1
13	自分を守るためなら，暴力を振るうのもしかたが無い。	4	3	2	1
14	ふだん仲良くしていても，本当に困ったとき助けてくれない友だちもいると思う。	4	3	2	1
15	友達といっしょになって，言うことを聞いてくれない人の悪口を言ったことがある。	4	3	2	1
16	何も悪いことをしていないのに，にらまれたことがある。	4	3	2	1
17	人に乱暴なことをしたことがある。	4	3	2	1
18	あの子とは，いっしょに遊ばないで，とだれかにたのんだことがある。	4	3	2	1
19	クラスには私のことをきらっている人がたくさんいる。	4	3	2	1
20	たたかれたら，たたき返す。	4	3	2	1
21	放課後みんなで遊ぶ相談をするときに，だれかを入れなかったことがある。	4	3	2	1

資　料　　157

②児童用対人不安傾向尺度

次の文に書いてあることは，あなたのいつものようすに，どのくらいあてはまりますか？

「とてもあてはまる＝4」，「すこしあてはまる＝3」
「あてはまらない＝2」，「ぜんぜんあてはまらない＝1」

上の数字から，あなたに一番ぴったりのものを1つだけえらんで，○をつけてください。

1	友達が，自分について悪口を言っていないか，気になります。	4	3	2	1
2	人がたくさんいるところでは，自分がいやな人と思われないか，気になります。	4	3	2	1
3	知らない人と会ったとき，その人が自分のことをいやな人と思わないか，気になります。	4	3	2	1
4	自分のことが嫌いな人が1人でもいることは，こわいことです。	4	3	2	1
5	みんながわたしの顔を見て，笑っているような気がします。	4	3	2	1
6	みんなに笑われるのは，こわいです。	4	3	2	1
7	いつもだれかが，自分のことを見ているようで，心配です。	4	3	2	1
8	みんなから見られると，顔が赤くならないか心配です。	4	3	2	1
9	あまりよく知らない人から話しかけられたとき，かおがあつくなります。	4	3	2	1
10	知らない人と会わなければならないとき，心配になります。	4	3	2	1
11	あまりよく知らない人と話さなければならないとき，どきどきします。	4	3	2	1
12	おおぜい人が集まると，どきどきします。	4	3	2	1
13	授業中，先生にさされると，顔があつくなります。	4	3	2	1
14	だれかに話かけられるのが，こわいです。	4	3	2	1
15	人がまわりにたくさんいると，いやな気分になります。	4	3	2	1
16	たくさん人が集まるところには，行かないようにしています。	4	3	2	1
17	学校の外で，クラスの人と会うと，いやな気分になります。	4	3	2	1
18	すごく仲のよい友達以外は，話をするのがこわいです。	4	3	2	1

158   資　料

資料5：【研究3，4　質問項目】
①学級生活満足度尺度（小学生用）

次の数字にはこういう意味があります。

```
4＝よくある，とてもそう思う，たくさんいる
3＝少しある，少しそう思う，少しいる
2＝あまりない，あまりそう思わない，あまりいない
1＝まったくない，まったく思わない，まったくいない
```

下のしつもんを読んで，あなたの気もちに一番ちかい数字に，○をつけてください。

1	あなたは運動や勉強、係活動、しゅみなどでクラスの人からみとめられる（すごいなと思われる）ことがありますか。	4	3	2	1
2	あなたが失敗したときに，クラスの人がはげましてくれることがありますか。	4	3	2	1
3	クラスの中に，あなたの気もちをわかってくれる人がいると思いますか。	4	3	2	1
4	あなたが何かしようとするとき，クラスの人たちは協力してくれたり，おうえんしてくれたりすると思いますか。	4	3	2	1
5	あなたのクラスには，いろいろな活動に取り組もうとする人が，たくさんいると思いますか。	4	3	2	1
6	あなたが思ったことや考えたことを発表したとき，クラスの人たちはひやかしたりしないで，しっかり聞いてくれると思いますか。	4	3	2	1
7	あなたはクラスの人にいやなことを言われたり，からかわれたりして，つらい思いをすることがありますか。	4	3	2	1
8	あなたはクラスの人にぼうりょくをふるわれるなどして，つらい思いをすることがありますか。	4	3	2	1
9	あなたはクラスの人にばかにされるなどして，クラスにいたくないと思うことがありますか。	4	3	2	1
10	あなたは休み時間などに，ひとりぼっちでいることがありますか。	4	3	2	1
11	あなたはクラスでグループをつくるときなどに，すぐにグループに入れないで，最後のほうまで残ってしまうことがありますか。	4	3	2	1
12	あなたはクラスの人たちから，むしされているようなことがありますか。	4	3	2	1

資　料　159

②子ども用自尊感情尺度

下のしつもんは，いつものあなたのようすに，どのくらいあてはまりますか？

> 「はい＝4」，「どちらかといえば，はい＝3」，
> 「どちらかといえば，いいえ＝2」，「いいえ＝1」

上の数字から，あなたに一番ぴったりのものを1つえらんで，○をつけてください。

1	自分に自信がありますか。	4	3	2	1
2	たいていのことは，人よりうまくできると思いますか。	4	3	2	1
3	自分には人にじまんできるところがたくさんあると思いますか。	4	3	2	1
4	何をやってもうまくいかないような気がしますか。	4	3	2	1
5	今の自分にまんぞくしていますか。	4	3	2	1
6	自分はきっと，えらい人になれると思いますか。	4	3	2	1
7	自分は，あまりやくにたたない人間だと思いますか。	4	3	2	1
8	自分には，あまりいいところがないと思いますか。	4	3	2	1
9	自分の意見は自信をもって言えますか。	4	3	2	1
10	しっぱいするのではないかと，いつもしんぱいですか。	4	3	2	1

③ソシオメトリック指名法（研究3のみ）

クラスの中で，あなたが「休み時間にいっしょに遊びたい」と思う友だちを3人までえらんで，その子の出席番号を，下の四角の中に書いてください。3人思いつかないときは，1人でも，2人でもかまいません。

160   資　料

④仲間関係適応項目（教師評定，研究3のみ）

先生にお伺いします

担当されている学級の各児童は，以下の質問に，どのくらいあてはまりますか？
　1．仲のよい友人が，たくさんいる
　2．多くの仲間から，認められている
　3．仲間から，孤立しがちである
　4．仲間から，文句を言われることが多い

出席番号順に，性別に○をつけ，あてはまる程度を以下の数字でお答えください。

「全く当てはまらない＝1」,「あまり当てはまらない＝2」,「ふつう＝3」,
「よく当てはまる＝4」,「大変よく当てはまる＝5」

出席番号	性別	1．仲のよい友人がたくさんいる	2．認められている	3．孤立しがちである	4．文句を言われることが多い
1	男・女				
2	男・女				
3	男・女				
4	男・女				
5	男・女				
6	男・女				
7	男・女				
8	男・女				
9	男・女				
10	男・女				
11	男・女				
12	男・女				
13	男・女				
14	男・女				
15	男・女				
16	男・女				
17	男・女				
18	男・女				
19	男・女				

20	男・女				
21	男・女				
22	男・女				
23	男・女				
24	男・女				
25	男・女				

162　資　料

資料6：【研究5　質問項目】

①心理的ストレス尺度（友達との関係因子）

あなたはこの1，2カ月の間，下の出来事を，どのくらい経験しましたか？　またそのことは，どのくらい，いやなことだったでしょうか。あてはまる数字に，○をつけてください。

		どのくらいあったか？					どのくらいいやだったか？			
		よくあった	ときどきあった	あまりなかった	ぜんぜんなかった		ものすごくいやだった	少しいやだった	あまりいやではなかった	ぜんぜんいやではなかった
	（れい：学校に，ちこくした）	3	②	1	0		④	3	2	1
1	友だちが，目の前でないしょ話を始めた。	3	2	1	0	→	4	3	2	1
2	仲のよい友だちから，仲間はずれにされた。	3	2	1	0	→	4	3	2	1
3	友だちに，からかわれたり悪口を言われたりした。	3	2	1	0	→	4	3	2	1
4	友だちに，気にしていることを言われた。	3	2	1	0	→	4	3	2	1
5	友だちに，言いたくないことをわざと聞かれた。	3	2	1	0	→	4	3	2	1
6	友だちに，無視された。	3	2	1	0	→	4	3	2	1

②小学生用ストレスコーピング尺度

上のしつもんのような，友だちとの間でいやなことがあった時を，そうぞうしてください。ふだんのあなたは，下の文のこうどうに，どれくらいあてはまりますか？　一番よくあてはまる数字に，1つだけ○をつけてください。

		よくあてはまる	少しあてはまる	あまりあてはまらない	ぜんぜんあてはまらない
1	だれかに どうしたらよいかを聞く。	4	3	2	1
2	どうしようもないので あきらめる。	4	3	2	1
3	大声を上げてどなる。	4	3	2	1
4	そのことを あまり考えないようにする。	4	3	2	1
5	友だちと遊ぶ。	4	3	2	1
6	自分をかえようと，どりょくする。	4	3	2	1

資　料　163

7	だれかに言いつける。	4	3	2	1
8	ゲームをする。	4	3	2	1
9	ひとりで泣く。	4	3	2	1
10	人に問題のかいけつに協力してくれるようにたのむ。	4	3	2	1
11	何がそのげんいんかを，見つける。	4	3	2	1
12	ひとりになる。	4	3	2	1

164　資　料

③小学生用ストレス反応尺度（短縮版）

次の文は，さいきんのあなたの調子と，どのくらいあてはまりますか？
一番あてはまるものを1つえらんで，数字に○をつけてください。

		よく あては まる	少し あて はまる	あまり あて はまら ない	まった くあて はまら ない
1	頭がくらくらする。	4	3	2	1
2	ずつうがする。	4	3	2	1
3	からだがだるい。	4	3	2	1
4	さびしい。	4	3	2	1
5	かなしい。	4	3	2	1
6	なんだか，こわい感じがする。	4	3	2	1
7	イライラする。	4	3	2	1
8	気もちが，むしゃくしゃする。	4	3	2	1
9	ふきげんで，おこりっぽい。	4	3	2	1
10	あまりがんばれない。	4	3	2	1
11	勉強が手につかない。	4	3	2	1
12	なにかに集中できない。	4	3	2	1

資　料　165

資料7：【研究6　質問項目】
①主張場面での応答行動（自由記述）

場面A．下のおはなしを読んで，あとのしつもんに答えてください。

> あなたは，じゅぎょう中，きょうかしょをわすれたことに気がつきました。
> 「こまったなと思っていると，となりの席の子が見せてくれました。

ふだんのあなたなら，こんな時何と言いますか？　セリフをふきだしの中に書いてください。言う時の，あなたのひょうじょうについても，一番当てはまるものを1つえらんで，顔に○をつけてください。

場面B．下のおはなしを読んで，あとのしつもんに答えてください。

> あなたは友だちに『ほうかご，あそびに行こう』とさそわれました。
> でもあなたは「今日は，行きたくないな」と思っています。

ふだんのあなたなら，こんな時何と言いますか？　セリフをふきだしの中に書いてください。言う時の，あなたのひょうじょうについても，一番当てはまるものを1つえらんで，顔に○をつけてください。

166 資　料

資料8：【研究7　質問項目】
①社会的情報処理尺度

下のおはなしを読んで，あとのしつもんに答えてください。

> あなたは放課後，なかのよい友だちのAさんに，遊びにさそわれました。
> あなたは，今日は遊びたくない気分なので，ことわりました。でもAさんは，「みんなでゲームをするのだけど，人数が足りないので，来て！」と言います。
> あなたは，そのゲームがとても苦手で，とても行きたくありません。

a）解釈ステップ

下の文をよんで，あなたの考えに一番近い答えを1つえらんで，数字に○をつけてください。

		ぜったいそうだと思う	たぶんそうだと思う	どちらともいえない	たぶんそうじゃないと思う	ぜったいそうじゃないと思う
1	Aさんは，わるぎがある わけではない。	5	4	3	2	1
2	Aさんは，わたしをこまらせようとしているわけではない。	5	4	3	2	1
3	Aさんは，わたしがイヤがっているのを知っていて，わざと言っている。	5	4	3	2	1

b）目標設定ステップ

あなたは，こんな時，どんなことを考えるでしょうか？　下の文をよんで，一番あてはまる答えを1つえらんで，数字に○をつけてください。

		とてもそう思う	少しそう思う	どちらともいえない	あまりそう思わない	ぜんぜんそう思わない
1	Aさんを，イヤな気もちにさせたくない。	5	4	3	2	1
2	Aさんと，これからもなかよしでいたい。	5	4	3	2	1
3	Aさんと，ケンカしたくない。	5	4	3	2	1
4	Aさんに，気もちをわかってほしい。	5	4	3	2	1
5	Aさんのさそいを，ことわりたい。	5	4	3	2	1
6	Aさんに，あきらめてほしい。	5	4	3	2	1
7	もんだいを，大きくしたくない。	5	4	3	2	1
8	めんどうなことに，なってほしくない。	5	4	3	2	1
9	おだやかに，かいけつしたい。	5	4	3	2	1

資　料　　167

c）行動評価ステップ

もしあなたが，この時，下の（ア）～（エ）のようなことをしたら，そのあと，どうなるでしょうか？　一番あてはまる答えを1つえらんで，数字に○をつけてください。

（ア）．あなたは，おこって，「しつこい！」ともんくを言いました。	ぜったいそうだと思う	たぶんそうだと思う	どちらともいえない	たぶんそうじゃないと思う	ぜったいそうじゃないと思う
1　Aさんは，イヤな気もちにならず，あなたと今までどおり，なかよくできる。	5	4	3	2	1
2　Aさんは，あそびたくない気もちを分かって，あきらめてくれる。	5	4	3	2	1
3　もんだいが大きくなったり，めんどうなことがおきたりしないですむ。	5	4	3	2	1

（イ）．あなたは，「今日はあそぶ気分じゃない」と言って，ことわりました。	ぜったいそうだと思う	たぶんそうだと思う	どちらともいえない	たぶんそうじゃないと思う	ぜったいそうじゃないと思う
1　Aさんは，イヤな気もちにならず，あなたと今までどおり，なかよくできる。	5	4	3	2	1
2　Aさんは，あそびたくない気もちを分かって，あきらめてくれる。	5	4	3	2	1
3　もんだいが大きくなったり，めんどうなことがおきたりしないですむ。	5	4	3	2	1

（ウ）．あなたは，「さそってくれてありがとう。またこんどあそぼう」といいました。	ぜったいそうだと思う	たぶんそうだと思う	どちらともいえない	たぶんそうじゃないと思う	ぜったいそうじゃないと思う
1　Aさんは，イヤな気もちにならず，あなたと今までどおり，なかよくできる。	5	4	3	2	1
2　Aさんは，あそびたくない気もちを分かって，あきらめてくれる。	5	4	3	2	1
3　もんだいが大きくなったり，めんどうなことがおきたりしないですむ。	5	4	3	2	1

168   資　料

	(エ). あなたは，あそびたくないけれど，「いいよ」といいました。	ぜったいそうだと思う	たぶんそうだと思う	どちらともいえない	たぶんそうじゃないと思う	ぜったいそうじゃないと思う
1	Aさんは，イヤな気もちにならず，あなたと今までどおり，なかよくできる。	5	4	3	2	1
2	Aさんは，あそびたくない気もちを分かって，あきらめてくれる。	5	4	3	2	1
3	もんだいが大きくなったり，めんどうなことがおきたりしないですむ。	5	4	3	2	1

資　料　　169

d）行動実行ステップ

ふだんのあなたは，こんな時，下の文のようなことを，どのくらいすると思いますか？
あなたの考えに，一番近い答えを1つえらんで，数字に○をつけてください。

		ぜったい そうする	たぶん そうする	どちらとも いえない	たぶん そうしない	ぜったい そうしない
1	おこって，「しつこい！」ともんくを言う。	5	4	3	2	1
2	おこって，Aさんに ひどいことを言う。	5	4	3	2	1
3	「今日はむりだ」と，はっきり伝える。	5	4	3	2	1
4	「今日はあそぶ気分じゃない」と，はっきり伝える。	5	4	3	2	1
5	「わるいんだけど，今日はあそべない」と，あやまる。	5	4	3	2	1
6	「さそってくれてありがとう。またこんどね」と言う。	5	4	3	2	1
7	あそびたくないけれど，「いいよ」と言う。	5	4	3	2	1
8	Aさんに，なにも言えない（ことわれない）。	5	4	3	2	1

江口めぐみ

略歴

栃木県生まれ。早稲田大学第一文学部卒業。博士（心理学：筑波大学）。
現在は東京成徳大学応用心理学部准教授。公認心理師，臨床心理士。専
門は発達心理学，臨床心理学。

主著

「看護を学ぶ人のための心理学―ヒューマン・ケアを科学する―」
　　（分担執筆）弘文堂　2019年
「教育心理学―MINERVA はじめて学ぶ教職―」（分担執筆）
　　ミネルヴァ書房　2018年
「イラスト版子どものアサーション」（分担執筆）合同出版
　　2013年

児童の主張における他者配慮

2019年11月30日　初版第1刷発行

著　者　　江口めぐみ

発行者　　風　間　敬　子

発行所　　株式会社風　間　書　房
〒101-0051　東京都千代田区神田神保町 1-34
電話 03(3291)5729　FAX 03(3291)5757
振替 00110-5-1853

印刷　太平印刷社　　製本　高地製本所

©2019　Megumi Eguchi　　　　　　　NDC 分類：140
ISBN978-4-7599-2296-7　　Printed in Japan
JCOPY〈(社)出版者著作権管理機構 委託出版物〉
本書の無断複製は，著作権法上での例外を除き禁じられています。複製される場
合はそのつど事前に(社)出版者著作権管理機構（電話 03-5244-5088, FAX 03-
5244-5089, e-mail: info@jcopy.or.jp）の許諾を得てください。